나이듦수업

나이듦 수업

중년 이후, 존엄한 인생 2막을 위하여

초판 1쇄 발행   2016년 1월 20일
초판 7쇄 발행   2021년 3월 10일

지은이   고미숙 정희진 김태형 장회익 남경아 유경
펴낸이   이영선

편집   이일규 김선정 김문정 김종훈 이민재 김영아 김연수 이현정 차소영
디자인   김회량 이보아
독자본부   김일신 김진규 정혜영 박정래 손미경 김동욱

펴낸곳 서해문집 | 출판등록 1989년 3월 16일 (제406-2005-000047호)
주소 경기도 파주시 광인사길 217 (파주출판도시)
전화 (031)955-7470 | 팩스 (031)955-7469
홈페이지 www.booksea.co.kr | 이메일 shmj21@hanmail.net

이 도서의 국립중앙도서관 출판예정도서목록(CIP)은 서지정보유통지원시스템 홈페이지(http://
seoji.nl.go.kr)와 국가자료공동목록시스템(http://www.nl.go.kr/kolisnet)에서 이용하실 수
있습니다.(CIP제어번호: CIP2015034035)

이 책은 문화체육관광부, 한국문화예술위원회가 주최하는 "2015 문화다양성 확산을 위한 무지개다리
지원사업" 중 안양문화예술재단이 주관하는 〈오버 더 시니어 레인보우 ver.2〉 프로젝트의 일환으로
출간되었습니다.

강연기획 안양문화예술재단
총괄 구자흥 \ 기획운영 강주희 석부영 \ 기획자문위원회 고영직 상종열 백용성

나이듦수업

중년 이후,
존엄한
인생
2막을
위하여

고미숙
정희진
김태형
장회익
남경아
유 경

서해문집

호모 헌드레드 시대,
'꼰대'에서 '꽃대'로

노인은 외롭다. 노인은 노인이기 때문에 외로운 것이 아니라 외롭기 때문에 노인이 되는지도 모르겠다. 그러므로 노년에 대한 새로운 이해와 사회적 예방정책이 필요하다. 이때 중요한 것은 노년을 바라보는 우리 안의 척도 자체가 바뀌어야 한다는 점이다. 자연 현상으로서의 노화도 그렇지만, '사회학적' 노화에 대한 인식 자체가 변하지 않고서는 노년 문화를 형성하기가 쉽지 않을 것이다. 노화와 죽음 자체를 긍정하고, 노동과 정의가 제자리를 찾는 문화적 토대를 형성해야 한다.

그러나 그동안 우리는 노인 혹은 노년에 대해 노인 '문제'로서만 접근하지 않았나 생각한다. 노인은 항상 '문제'일 때에만 정책적 대상으로 취급되었고, 한 사람의 오롯한 '존재'로서 이해되고 존중받는 사회문화는 부재했다. 노인 혹은 노년에 대한 담론 자체가 부재한 것이다. 다시 말해 노인 '문제'가 아니라 노년 '존재'로 관점을 전환하지 않으면 노년의 삶과 문화를 이해할 수 있는 정책을 만들기 어려울 것이다. 무엇보다 갈수록 심각해지는 세대 간 대화의 부재는 이 문제를 더 깊고 넓게 고민하게 한다.

안양문화예술재단은 2014~2015년에 걸쳐 한국문화예술위원회가 주최하는 문화다양성 확산을 위한 무지개다리 지원사업의 일환으로 세대 간 문화적 접점을 형성하자는 취지로 〈오버 더 시니어 레인보우〉라는 정책사업 프로젝트를 진행했다. 노년 문화의 새로운 담론을 만들자는 전문가포럼을 비롯해 노인의 일상 문화를 이해하는 조사·연구 작업과 몇 가지 세대 교류 시범사업들을 진행하였다. 2014년에는 〈노년을 노닐다〉라는 주제로 여섯 차례의 전문가포럼을 진행하면서 노인을 '존재'의 관점으로 보는 인식의 전환을 요구하고 이에 따라 '노년의 양식'을 마련해야 한다는 점을 공유한 것이 가장 큰 수확이었다. 여기서 말하는 노년의 양식이란 세 가지 차원의 의미를 지닌다. 첫째는 먹고사는 문제로서의 양식(糧食), 둘째는 품위 있는 삶과 사회를 위한 양식(良識), 셋째는 일종의 문화적 스타일(style)을 의미하는 문화적 문법으로서의 양식(樣式)을 의미한다. 우리 사회의 경우 첫 번째 양식(糧食)을 의미하는 '밥에 머무는 복지'에 그쳐 있지 않은가 하는 것이 기획위원들의 공통된 생각이었다.

2015년에는 기존의 문제의식을 더 심화하고 확산하자는 차원에서 대중 강연 〈나이듦 수업〉을 기획하였다. 이를 토대로 노년 문화의 담론을 제시하는 단행본을 출간하고자 하였고, 그 결과가 바로 이 책이다. 우리 시대를 대표하는 고전인문학자, 여성학 연구자, 심리학자, 물리학자, 노인정책 활동가, 사회복지사 등 여섯 명의 전문가들이 저마다의 안목과 입장에서 '노인은 누구인가'에 대해 답하였다.

고전인문학자 고미숙 선생은 자본주의가 요구하는 '청춘'과 '몸'에 대한 우리의 상투적인 생로병사관에서 벗어나 '어른'으로 늙어갈 권리를 누리자고 주장한다. 자신의 생체 리듬을 회복하고, 혈연적 관계망에서 벗어나 우정의 시간을 살아가자고 역설하는 것이다. 무엇보다 '어른'으로 늙어갈 권리를 위해 스스로에 대한 질문을 포기하지 말아야 한다는 주장은 경청할 대목이다. 그래야 공동체 전체의 비전과 자기존재의 근원을 위해 일할 수 있는 지혜의 장이 열린다는 선생의 인문학적 통찰과 촌철살인의 입심을 직접 느껴보시기 바란다.

여성학 연구자 정희진 선생은 '매력 자본'을 끊임없이 요구하는 자본주의 문화를 넘어설 수 있는 새로운 미추(美醜) 관념이 필요하다고 주장한다. 노인과 장애인, 뚱뚱한 여성, 성적 소수자에 대한 차별은 바로 몸에 대한 비현실적인 욕망에 뿌리를 두고 있다는 것이다. '사회적 약자들은 두 가지 경험을 다 하기 때문에 어떤 부분에서 상대방에 대한 이해 폭이 넓다'는 선생의 언급은, 지병을 앓아온 자신의 삶에서 우러나온 육성으로 그 울림이 퍽 깊다. 누군가 '앎은 앓음'이라고 했던가.

심리학자 김태형 선생은 이른바 '꼰대 문화'에 대해 새로운 성찰을 시도한다. 지금의 노인 세대는 나쁜 분들이 아니라 '아픈' 분들이라고 진단한 선생은, 꼰대 문화가 전쟁과 독재정권 하에서 '반복적으로 패배'하며 살아온 한국 노인들의 삶과 무관하지 않으며 자기 치유의 과정을 통해 '꼰대'에서 '꽃대'로 변화할 필요가 있다고 역설한다.

물리학자 장회익 선생은 노년 당사자(올해 78세)의 입장에서 노년은 삶과 생명에 대한 근원적인 질문을 던질 수 있는 기적의 시간이라는 열린 사고를 전해준다. 평생 즐겁게 공부해 온 선생이 전하는 열공의 '영업 비밀'들이 퍽 흥미롭다. 선생의 모습에서 공부하는 노년이 이토록 아름답다는 점을 확인하게 된다. 노년, '블랭크'의 시간이야말로 기적을 연출할 수 있는 때라는 선생의 진단이 설득력 있는 것은, 품위 있는 노년의 삶과 문화를 위해 무엇보다 공부 습관이 중요하기 때문이다. 노년의 배움이란 나를 위한 공부인 동시에 세상과 소통하는 공부가 아니던가.

서울시 인생이모작지원단장 남경아 선생은 베이비붐 세대를 위한 새로운 일자리 창출 차원에서 일과 삶의 재구성이 필요하다고 말한다. 일선 정책 현장에서 베이비붐 세대와 함께 사회적 일자리를 풀기 위해 고민하는 선생의 해박한 지식과 경험은 '당사자가 주도하는' 일과 삶이라는 측면에서 실제적인 이해를 돕는다. 인생 후반부의 삶은 '전환, 준비, 조화'가 중요하다는 남 선생의 진단은 노년의 양식(糧食/良識/樣式) 측면에서 일선 정책 담당자와 노년 당사자들에게 나를 바꾸고 사회를 바꾸는 일이 둘이 아니라 하나일 수 있다는 점을 시사한다.

사회복지사 유경 선생의 강연은 노년의 삶에서 '관계 맺기'가 가장 중요함을 강조한다. 나를 중심으로 관계의 동심원을 그려보고 소통을 위해 노력하며 인생지도를 만들라는 선생의 제안은, 안티에이징(anti-aging)이 적극적으로 권장되는 이 시대에 무엇이 웰에이징(well-aging)인가 숙고하게 한다. 특히 '나 자신의 죽음을 준비하라'는 주문은 삶의 유한함과 유구함에 대한 일상적 통찰의 중요성을 강조하는 동시에 사람은 무엇으로 사는가에 대해 생각하게 하는 힘이 있다.

결국 이 책은 '노인은 누구인가'라는 질문에 대해 답하며, 나와 소통하고 젊은 세대와 소통하기 위해서 자기교육(self-education)으로서의 배움과 세대 간 소통이 중요하다는 점을 역설한다. 호모 헌드레드(Homo Hundred)의 시대, 노년기에 맞게 될 '관계 2막'을 고민하며 삶의 전환을 모색하고자 하는 모든 분들에게 이 책을 권하고 싶다. 우리가 살면서 선택한 행동들이 지금의 나뿐만 아니라 미래의 나 또한 만들 수 있다는 관점에서, 새로운 노년 문화를 고민하고자 하는 젊은 세대에게도 인문적이면서도 실제적인 고민거리가 되리라 믿어 의심치 않는다. 이 책이 노인이 노인으로서의 특징을 점점 잃어가는 시대에, 노년의 삶과 문화를 위한 '말년의 양식(late style)'이기를 희망한다.

2016년 1월
기획위원 고영직, 백용성, 상종열, 삼가 쓰다

차례

너무 많이 아픈 한국의 노인들

'꼰대 말고 꽃대'를 위한 심리학 김태형

노년이라는 기적의 '블랭크'

근원적 질문에 답하는 지혜의 시간 장회익

100세 시대, 일과 삶의 재구성

베이비붐 세대를 위한 새로운 일자리 **남경아** 166

마흔에서 아흔까지, 내 곁에 이 사람

노년의 관계 맺기와 인생지도 그리기 **유 경** 206

고미
/고전인문학자
고미숙

청춘으로부터의 해방, 몸으로부터의 자유

'어른'으로 늙어갈 용기

1960년 출생. 고려대학교에서 고전 문학을 공부하고 국문학 박사학위를 받았다. 학교 밖에서는 동양 사상을 연구하고 강의하였다. 삶과 몸, 우주의 이치에 대한 끊임없는 탐구욕 덕분에 의학·역학에도 해박하다. 동양 사상적 관점에서 현대인의 삶을 관찰한 결과를 여러 저서로 출간하였고, 특히 《고미숙의 몸과 인문학》에서는 죽음과 질병이야말로 생(生)의 선물이라는 메시지를 전하기도 했다.

그는 우리가 장수를 축복으로 받아들이지 못하고 불안해하는 원인을 자본주의 문화와 정신적 빈곤에서 짚어낸다. 그리고 충만한 '어른'이 되는 용기를 갖자고 주장한다. "철없는 상태로 대부분을 보낸 삶은, 산 것이 아닙니다. 나이 들고 오래 산다는 것은 내가 그 시간을 어떻게 통과했느냐가 핵심이지 그저 객관적으로, 양적으로 수명이 늘어난 게 중요한 게 아니에요. 그건 연명에 불과합니다."

안녕하세요. 고전평론가 고미숙입니다. 저는 몸과 인문학에 관한 강의를 많이 해왔는데 오늘 주제는 제 자신에 대한 성찰도 하고 제가 그동안 공부한 것을 나이 든다는 것, 늙어간다는 것과 관련해서 어떻게 활용할 수 있을까 이야기할 수 있어서 굉장히 설레는 마음으로 왔습니다.

사람은 누구나 생로병사의 과정을 겪죠. 태어나면서부터 늙고 병들어 죽는 일이 동시에 시작되는 셈이라 어떤 사람도 피할 수 없고 온전히 겪어야 합니다. 저는 고전을 공부하면서 인간이 공부하는 이유도 스스로 생로병사의 주인이 되기 위해서라는 생각을 하게 됐어요. 모든 공부의 밑바탕에는 생로병사에 대한 질문이 있는 거죠. 이보다도 보편적인 주제가 없지 않습니까? 태어나서 나이 들고 늙고 병들고 죽는다는 것. 그 앞에서는 모두가 공평한 것이죠.

요새 '100세 인생'이라는 말을 많이 쓰는데요. 현대에 와서 100세 시대라는 말이 나온 것 같지만 사실 그렇지 않습니다.《동의보감(東醫寶鑑)》에서 말하는 인간의 가장 자연스러운 수명은 125세예요. 수명이라는 게 성장기에 5를 곱하면 나오는 거라고 해요. 인간이 성장하는 시간은 25년이고 스물다섯까지는 계속 성장세포가 열려 있다가 그 이후에는 더 이상 성장하지 않죠. 여기에 곱하기 5를 하면 125세가 나와요. 이건 모든 생명체에 적용되는 이치입니다. 동물도 성장기에다 곱하기 5를 하면 자연적인 수명이 나온답니다. 5를 곱하는 이유는 아마 음양오행에 따른 것 같아요. 그런데 이게 현대과학과 맞아떨어지는 거죠.

《동의보감》은 400년, 500년 전에 나온 책이고,《동의보감》에서 인용한《황제내경(黃帝內經)》은 몇천 년 전 책이에요. 그런데 거기에 이런 내용이 나와요. '왜 인간은 50세만 되면 이렇게 쇠약해지고 정신이 오락가락하는가?' 왜 그랬을까요? 몇천 년 전 책에도 '술 먹고 과식하고 분노를 조절하지 않고 성욕을 마구 쓰기 때문'이라고 기록되어 있어요. 지금 우리 시대에 적용해도 하나도 어긋나는 게 없죠. 그래서 '제 명에 못 산다'는 말이 나온 거죠. 예전에는 역병이나 자연재해가 많아서 40, 50이면 죽었어요. 조선의 왕들도 평균수명이 40이었거든요. 그런데 자기를 잘 조절해서 '양생(養生)'을 한 사람은 무병장수해서 80이상, 100세, 200세, 300세까지 살기도 했어요. 그걸 모르고 우리는 100세 인생을 굉장히 자랑스러워하는 한편 부담스러워하는 시대를 살고 있어요. 이게 그렇게 대단한 문명의 성과는 아니라는 것, 그걸 먼저 말씀드리고 싶어요.

왜 100세 인생이
부담스러울까

그런데 우리는 100세 인생 앞에서 굉장히 당혹스러워요. 축복이라고 못 느끼고 있죠. 그렇다면 문명적으로 봤을 때 우리 시대가 과연 조선시대보다 나아졌다고 할 수 있습니까? 그때는 적어도 125세를 살아가는 게 인간의 자연스러운 삶이라는 것을 인지하고 그에 따라 의학, 윤리, 사회정치적인 책임들이 다 설정됐는데, 우리는 어떤 준비도 없이 갑자기 100세를 살게 되었어요. 게다가 50대에 정년을 맞아요. '어떻게 하지?' 하며 당혹스러워하고 있는 겁니다.

결국 산업혁명 이후의 몇백 년 동안 우리가 인생을 아주 편향적으로 살았다는 것을 알 수 있죠. 인간은 열심히 일하고 돈 벌고 돈 쓰다가 50, 60이 돼서 정년을 맞이하면 죽는 게 당연하다고 생각했던 겁니다. 일하다 죽어버려라, 돈 쓰다 죽어버려라, 돈 벌다 죽어버려라. 이것이 '자본주의의 생로병사관'이었어요. 이 진실을 우리가 심각하게 깨달아야 합니다. 자본주의는 인류를 배고픔과 전염병으로부터 구제했고, 심지어 겨울에도 춥지 않고 여름에도 덥지 않게 만들었잖아요? 반면 인간 삶을 대하는 태도는 너무 빈곤해진 거예요. '물질이 풍요로워지면 정신은 빈곤해진다.' 이것은 우주의 대원

칙입니다. 부유하면서 정신적 가치도 풍요롭기는 불가능합니다.

그럼 이 두 가지가 선택의 문제일까요? 선택이라기보다는 균형의 문제입니다. 물질적 가치를 선택해서 완전히 동물 이하로 살거나, 정신적 가치만 추구하여 모든 물질적 혜택으로부터 벗어나야 한다는 게 아니고, 물질과 정신 사이에 균형을 잡아야 하는 문제입니다. 그런데 현대인은 돈도 잘 벌고 연애도 잘 하고 결혼도 잘 하면서 오래 살기도 하겠다고 우기는데요, 이게 가능할까요? 바로 탐욕을 균형으로 착각하고 있는 거죠.

산업화시대에는 평생직장이 보장되었는데, 지금은 중년에 잘리고 청년 시절에 아예 취업이 안 되고 취업해도 10년 안에 스스로 그만두는 사람이 많지요. 이 부분은 사회 문제로 잘 회자되지 않는데, 실제로 좋은 직장에 취업해서 2~3년, 심지어 한 달 만에 그만두는 청년들도 많아요. 왜 이럴까요? 이렇게 직장을 잡기 어려운 시절에. 이게 현대인의 마음의 행로예요. 마음을 잡을 수 없게 된 거예요. 왜? 굶주리지 않으니까요. 백수 청년도 집에서 아주 잘 먹습니다. 잘 먹어서 다 비만이 되어 있어요. 너무 먹고 일을 안 하고 집에서 TV 보고 컴퓨터만 하고 앉아 있으니까요. 물질적으로 풍요롭다는 것이 꼭 축복은 아니라는 거죠.

취업 해서 좋은 직장에서 열심히 일했다 해도, 40대 후반이 되면 내가 물러나줘야 세대 교체가 된다는 말을 들으니까 버티는 것도 불편하고 나오는 것도 불편합니다. 은퇴하고 인생이 얼마 안 남았다면 어느 정도 정리하고 마무리하며 살 텐데, 앞으로 몇십 년이 더 남았다고 하니까 굉장히 당황하는 거죠.

그동안 인류가 건강하게 오래 사는 것을 열망해 왔는데, 그렇다면 고령화사회가 정말 좋은 사회 아닙니까? 그런데 고령화라는 단어를 접하면 너무 암울해요. 고령화 문제를 다루는 뉴스를 한 번 보세요. 긍정적인 내용이 단 하나도 없어요. 광고에서는 100세 인생을 준비하라고 보험에 가입하라는데 이렇게 암울한 상황에서 오래 살라는 건가, 빨리 접으라는 건가. (좌중 웃음) 도대체 어떻게 하라는 건지 알 수 없는데요, 바로 이게 현대인들이 생로병사 전체를 보면서 삶을 통찰하지 않았다는 증거입니다.

선조들의 성숙한
생로병사관

조선시대와 비교하면 확연히 다른 문화적 포인트를 짚어낼 수 있습니다. 조선시대에는 천자문을 배우고 나면 바로《소학(小學)》,《사서삼경(四書三經)》을 배우고《주역(周易)》도 열 살 전에 배웠어요. 어린애가 그 내용을 이해할까요? 다 깨달을 수는 없죠. 그런데 왜 그랬을까요? 어린 시절부터 곧바로 인생과 우주를 전면적으로 책임지는 존재로 키우는 거예요. 그래서 조선시대에는 소년기, 청소년기, 청년기가 따로 없었고 청년은 덜 자란 '어른'이었습니다. 그래서 열여섯이 되면 바로 어른이 됐고 결혼도 했지요. 남자는 열여섯, 여자는 열넷에 결혼했습니다. 지금 열여섯, 열넷이면 중고등학생이죠. 이 아이들이 결혼해서 바로 어른이 됐던 거예요. 청년기, 유년기가 길 수 없어요. 이게 19세기, 불과 100년 전까지 지속되었던 생체 리듬입니다.

그런데 지금은 이 시기가 유아기 – 유년기 – 청소년기 – 청년기, 이렇게 끝도 없이 늘어지고 있어요. 대체 청년기가 몇 살까지입니까? 서른 살을 넘기고 있죠. 이렇게 덜 자란 상태로 철딱서니 없이 30년을 더 산다면 이게 수명이 늘어난 건가요? 수명이 늘어난 게 아니라 연장만 된 거죠. 생명만 연장하는 의술과 뭐가 다릅니까.

100년을 산다는 건 100년 동안 정확하게 생로병사의 스텝을 밟아가는 것을 의미해요. 그래야 100년 산다는 보람이 있는 거예요. 80년이라면 20년씩 잘라서 인생을 봄 – 여름 – 가을 – 겨울로 살아야 돼요. 60년밖에 못 산다면 15년 단위로 자르면 돼요. 예전에는 60이 환갑이었고, 환갑이 굉장히 중요했잖아요. 태어난 해와 똑같은 간지가 돌아오는 시절, 이게 환갑이거든요. 열다섯쯤에 어른이 되어 그걸로 인생의 봄을 마치고 그 다음 서른까지 여름, 마흔다섯까지 가을, 그 다음 예순까지 겨울을 사는 겁니다. 그러니까 60년밖에 안 되는 짧은 시간으로 보이지만 그때는 이 생로병사, 봄 – 여름 – 가을 – 겨울을 다 거친 존재의 충만함이 있었던 거죠.

이 계절들을 모두 겪어야 비로소 인생에 대해 뭔가 아는 사람이라고 생각했고, 그래서 노인 문화가 문화 전체를 이끌어간 거예요. 노인이 지도자이자 현자였죠. 겨울을 겪어 봐야 인생이 어떤 것이라고 말할 수 있지 않겠습니까? 아무리 뛰어난 철학을 가졌다고 해도 그 사람이 스무 살, 혹은 마흔 살밖에 안 되었다면 애송이인 거예요. 봄과 여름밖에 모르는걸요? 그래서 동양 사상은 기본적으로 다 노인의 지혜로 이루어져 있습니다. 청년 시절의 공자를 들어보셨어요? 부처도 젊은 시절엔 왕자로 지내다가 출가한 다음엔 노안(老顔)으로 사시지 않았습니까? (좌중 웃음) 노자는 태어날 때부터 노인이었대요. 《도덕경(道德經)》81장 남기고 자연으로 돌아간 거죠. 모두 일찍 어른이 돼서 성숙한 채로 공자는 73세, 부처는 80세까지 살았던 겁니다.

철없는 상태로 대부분을 보낸 삶은, 산 것이 아닙니다. 이 시간성이 굉장히 중요합니다. 나이 들고 오래 산다는 것은 내가 그 시간을 어떻게 통과하느냐가 핵심이지 그저 객관적으로, 양적으로 시간이 늘어난 것이 중요한 게 아니에요. 그런데 현대인은 완전히 양적으로 계산합니다. 그래서 100세 산다고 하면 '지금 내가 50대야. 50년이나 남았네?' 하고 단순하게 생각합니다. 그럼 남는 시간에 뭘 합니까? 술을 마시죠. 육식을 하고 성욕을 채웁니다. 다 이렇게 살고 있죠. '아, 많이 남았으니까 이제부터 지혜를 연마해서 인생의 이치를 터득해야겠다'라고 생각하는 문화가 없어요. 이렇게 계속 불태우기만 하다가 100세가 됐다, 어떻게 되겠습니까? 늙는 게 너무 두렵고 죽는 게 너무 두려워집니다. '100세를 살았으니 충만하다'라고 생각할 수 없습니다. 스무 살에 죽는 거보다 더 무서워져요, 노쇠했기 때문에.

미국의 카터 대통령 아시죠? 대통령직에서 물러나서 환경운동

철없는 상태로 대부분을 보낸 삶은,
산 것이 아닙니다.
이 시간성이 굉장히 중요합니다.
나이 들고 오래 산다는 것은
내가 그 시간을 어떻게 통과하느냐가
핵심이지 그저 객관적으로,
양적으로 시간이 늘어난 것이
중요한 게 아니에요.

도 하셨잖아요. 그분이 90대인데 자기 몸에 종양이 다 번졌다는 얘기를 듣고 마음이 너무 편안했대요. 이게 바로 봄-여름-가을-겨울을 다 거친 노인의 지혜입니다. 이 자유. 충만한 거예요. 아쉬움과 미련이 없어요. 그런데 내가 계속 철들지 않은 상태로 연명만 하면, 노쇠해지는 걸 막을 수 없으니까 마음도 약해져서 죽는 게 너무 무서워져요. 그러면 100세 아니라 125세가 돼도 죽음을 끔찍하게 여기며 죽게 돼요. 그것이 지옥입니다. 지옥은 내가 만드는 겁니다. 이 우주는 끊임없이 운행하는 것이지, 천국과 지옥을 따로 설정할 이유가 없습니다. 바로 내가 만드는 거예요.

생체 리듬대로 살면 두렵지 않은 100년

《동의보감》의 생체 리듬에 따르면 남자는 여덟 살, 여자는 일곱 살이 기준이에요. 남자는 8-16-24-32-40…, 여자는 7-14-21-28-35… 이렇게 주기가 돌아간다는 겁니다. 남자는 8×8=64세, 여자는 7×7=49세가 자연스러운 폐경기입니다. 각각 폐경기 이후는 어떻게 사느냐? 여성은 자기 안에 있는 양기, 남성적인 기운이 나오고 남성은 자기 안에 있던 음기, 여성적 기운이 나와서 음기와 양기가 섞이죠. 남성과 여성 사이에 이제 사랑이 아니라 우정의 시간이 시작되는 거예요. 여성과 남성 모두 음양이 적당히 섞인 '인간'이 되는 거죠. 인간의 시간이 오는 겁니다.

이전까지는 생식을 해야 하니까 남녀의 역할이 명확히 구분되었죠. 그래서 몸도 그런 식으로 세팅되어 있는 거고요. 남자 나이는 8×3=24세, 여자 나이는 7×3=21세, 이때 아기를 낳는 게 제일 좋아요. 그 애가 성장하면 남자 나이 8×5=40세쯤 손자를 보는 겁니다.

지금 우리는 '어휴, 40에 할머니, 할아버지가 된다니'라고 생각할 텐데요, 중요한 건 20대 후반이면 벌써 완전히 성숙한 어른으로 봤다는 겁니다. 조상들이 우리보다 가난하고 겨울에는 춥고 여름에는 더웠을지 모르지만, 저런 리듬으로 살았으니까 자기가 주인이 돼서 산 시간은 굉장히 길지 않습니까? 60에 죽는다고 해도 말예요. 이게 중요하다는 거죠. 그런데 지금 우리는 결혼도 못 하고 애도 못 키워본 사춘기적 상태로 40대를 보내고 50대가 돼도 여전히 공주병에 걸려 있으니 60대에 죽는다면 10대에 죽은 거나 똑같은 거예요. 왜냐하면 내가 10대의 마음으로 죽음을 통과하기 때문이에요. '60살을 살았으니까 60년만큼의 시간성이 내 안에 있어'라는 생각이 절대 안 듭니다.

조선시대에는 노비도 열다섯, 열여섯에 결혼해서 그 나이에 맞는 삶을 살았습니다. 스무 살이 넘었는데 아직 결혼을 안 하면 과년(過年)하다고 했잖아요. 과년한 딸이 있으면 아버지를 감옥에 가뒀답니다. 아버지가 돈이 없어서 시집 못 보냈다고 하면 원님이 폐백을 구해서 결혼을 시켜줍니다. 그런데 20세기에 오면서 이걸 못하게 했어요. 왜? 일해야 하니까요. 또 일을 하지 않으면 학교를 다녀야 했어요. 몸값을 높이기 위해서요. 청년의 '에로스'가 모두 노동력으로 바뀌게 되는 거죠.

정조 대왕이 나서서 노처녀, 노총각을 구제한 적도 있어요. 중세 정치에서 이상적인 왕으로 평가받는 기준은 GDP나 생산력, 이런 게 아니에요. '환과고독(鰥寡孤獨)'―홀아비, 과부, 고아, 늙어서 돌볼 이가 없는 노인들, 지금 우리가 사회적 약자라고 부르는 '끈이 떨어진 존재'들을 구제하면 좋은 왕이라고 봤습니다. 그러려면 이 사람들을 네트워크에 복귀시켜야 했죠. 일단 굶주림에서 벗어나려면 외로움에서 벗어나야 해요. 같이 먹고 살려면 누군가와 연결돼야 하죠. 《삼국유사(三國遺事)》를 보면 길거리에 굶주린 홀아비가 있으면 왕이 구휼하고 옷을 벗어주고 했던 선정(善政)의 증거들이 나오거든요. 굶주리는 사람이 많다면 당연히 그 정치는 잘못된 거죠. 그거 못지않게 중요하게 본 것이 외로운 사람들입니다. 외로운 사람이 많으면 천지의 따뜻한 기운이 다 얼어붙는다고 본 거예요. 음양의 조화가 이뤄지지 않으니까요. 음양의 조화가 이뤄지지 않으면 흉년이 들겠죠. 홍수가 나고 가뭄이 드는 거예요. 2015년 우리나라에 가뭄이 많이 든 것도 다 마음이 외롭게 얼어붙어서 그렇습니다. 인간의 마음에는 분명히 에너지장이 있거든요. 없다고 생각하십니까? 마음은 에너지입니다. 그거야말로 진정한 에너지이지요.

사실 중고등학생이 하루 종일 생각하는 게 연애밖에 더 있을까요? 하루 종일 그 생각을 하지 꿈에 대한 생각, 미래에 어떤 직업으로 성공하겠다는 이런 생각 안 합니다. 어른들이 물어보니까 할 수 없이 적는 거예요. 꿈이 있다고 해야 안심을 하니까 부모님이 원하는 '의사, 변호사' 쓰는 거예요. 누가 그 나이에 '의사가 돼서 내가 어떻게 성공할까' 하는 생각을 합니까? '저 녀석을 어떻게 꼬실까?' 아니면 '재랑 어떻게 재미를 볼까?' 이 생각만 하고 있는데. 이게 자연스러운 일인데 다 억압되어 있잖아요. 겉 다르고 속 다른 삶을 사는 거예요. 결국 마음의 병이 됩니다. 그래서 우울증과 온갖 정체불명의 정신 질환을 계속 앓고, 어디 가서 하소연할 수도 없는 상황이 반복되는 겁니다. 성교육도 수준이 너무 낮아요. 몇십 년 전과 달라지지도 않았고 애들을 어린애 취급만 하고 그저 사고 막기에 급급한 거죠.

이런 상태로 30대가 되죠. 요새는 30대에 결혼하기도 어렵잖아요. 40대 노처녀도 정말 많아요. 노처녀일 뿐 아니라 '모태 솔로'라고 연애도 못 해본 순결하기 그지없는 노처녀들이 많이 있습니다. 그런데 정신 연령은 딱 사춘기예요. 부딪쳐서 연애를 해본 적이 없기 때문이에요. 다 뒤로 미룬 거죠. 모범생일수록 더 그렇죠. 대학 간 다음에, 대학 가면 취직한 다음에, 취직한 다음에는 또 자리 잡을 때까지, 집 살 때까지…… 이러다 마흔이 된 거죠. 그러면 그만큼의 시간 속에서 봄-여름을 겪은 게 아니죠. 봄, 초봄의 단계를 계속 겪는 겁니다. 내 몸은 가을에 가 있는데 내 마음은 초봄이야, 이 간극이 병과 괴로움의 원인입니다. 사람이 잘 산다, 건강하다, 양생을 한다는 건 내 몸과 이 시공간의 리듬을 맞추는 거예요. 봄에는 봄에 맞는 양생을, 겨울에는 겨울에 맞는 양생을 해야 합니다. 청춘은 청춘에 맞게, 중년은 중년에 맞게, 노년은 노년에 맞게 리듬을 밟아야 되는데 이 리듬이 어긋난다고 생각해 보세요. 내가 지금 중년인데 아직 마음이 소녀야, 이게 아름답습니까? 그런 아줌마를 보면 주변 사람들은 미쳐버립니다. (좌중 웃음) 할머니인데 아직 손녀딸과 미모를 겨룬다, 정말 돌아버리죠. 할머니를 볼 때마다 얼마나 무서울까요? 같이 44사이즈를 입겠다고 하면 정말 무섭지 않나요?

그래서 저출산 문제를 해결하려면 학교를 안 보내면 돼요. 학교를 안 보내면 이성만 생각하거든요. 열여섯에서 스물네 살까지는 몸이 막 근질근질하니까 그걸 이용해야 돼요. 학교를 다 없애고 "학교 가지 마라. 애 낳기 전에는 가지 마라." 이러면 한방에 해결됩니다. (좌중 웃음) 육아기금으로 절대 해결되지 않습니다. 화폐의 맛을 알게 되면 여자들이 임신하기를 원하지 않아요. 아이를 낳으려면 몸이 들락날락해야 되는데, 몸매가 중요하고 명품백을 걸쳐도 폼이 안 나니 아줌마 되기 싫다는 거예요. 그러니까 방법은 딱 하나예요. 열여섯 이팔청춘 때 공부를 못하게 하면 돼요. 애 낳은 다음에 하자, 어차피 지금 다 백수인데요, 뭐. 백수인데 애도 안 낳잖아요. 국가적인 대재앙입니다. 일도 안 하고 애도 안 낳고.

문명이 발달하면 사람이 똑똑해지는 것 같지만 생명의 리듬에 엇박이 나면 대책이 없어요. 기술이 발달해서 GDP가 오르고 우리가 100세까지 산다는데 더 이상 생명이 안 태어나면 아무 의미 없는 거죠. 학교가 없어지고 도시가 없어질 텐데요. 이게 말할 수 없는 상처가 됩니다. 아무리 돈이 많고 문명의 혜택이 풍요로워도 인간의 생체 리듬에 엇박이 생겨버린 이 상처를 치유할 수 없어요. 그래서 모두 다 정처 없이 헤매고 있는 거죠.

자본주의,
청춘만을 강요하다

그래서 이 고령화 시대가 굉장히 중요합니다. 처음으로 노인이 많은 숫자로 존재하는 시대를 맞이했거든요. 굉장히 소중한 거예요. 지금 노인 문화를 어떻게 만들어 갈 것인가가 다음 세대의 삶 전체를 바꿉니다. 어떻게 보면 문화적 혁명이 될 수도 있어요. 그렇게 하지 않으면 너무 비참해져요.

청년들은 결혼도 임신도 못하고 이 사회에 편입되지 못해서 괴롭고, 노인들은 그 많은 시간을 뭘 해야 할지 몰라서 정처 없이 떠돈다면 그 사이에 낀 중년들은 행복하겠습니까? 집안으로 가져가면 이게 다 부모님, 자식, 손자 이야기인데요. 그래서 가족 관계가 굉장히 힘들어졌죠.

그런데 자본주의는 왜 이러한 상태를 연장해 왔을까요? 젊음의 에너지를 계속 산업에 투여해서 화폐로 바꿨던 겁니다. 청춘이 노동력으로 계산되는 시대가 된 거죠. 쓸모없으면 그냥 버렸고요. 그래서 지금까지도 노년에 대한 설정이나 문화, 담론이 없었어요.

산업화시대를 통과한 분들이 제일 난감해졌습니다. 그 시절에는 젊은 영웅이 필요했어요. 나라를 위해 전쟁터에 나가 싸우다 죽는 전쟁 영웅이 필요했고, 경제 발전을 위해 피땀 흘릴 노동 영웅이 필요했어요. '청춘의 노동력'이 필요했던 거예요. 우리나라가 어떻게 100년 만에 부자가 됐을까요? 청년들의 이 에너지를 모두 노동과 화폐로 바꿨기 때문입니다. 다른 게 아니에요. 그 시절 우리 아버지 세대의 모든 노동력을 동원해서 결혼 늦게 하게 만들고, 산아 제한하고, 다른 욕망을 다 막으며 돈으로 바꿨던 국가 정책 아래 압축 성장을 한 겁니다.

그 이후 민주화세대는 대학생이 민주주의를 위해 짱돌 들고 화염병 던졌는데 그 역시 청년의 몫이었죠. 청년들의 열정으로 세상을 뒤집으라는 거였어요. 역시 노년이 된 다음에는 뭘 해야 하는지 알 수 없었습니다. 어떤 점에서 산업혁명 이후 인간은 좌익이고 우익이고 철들지 않은 거예요. 그저 청년의 뜨거운 열기로 살다가 다 폭발한 상태라고 볼 수 있어요. 가을, 겨울을 알지 못하는 존재들이 20세기를 맞이하니 전쟁밖에 할 게 없었던 겁니다.

노인, 즉 봄 - 여름 - 가을 - 겨울을 다 살아낸 세대가 있다는 것은 이 디지털 시대에 큰 은총입니다. 동양 사상으로 보면 목↔화↔토↔금↔수↔목↔화… 이 기운들이 계속 순환하고 상생하거든요. 각각 봄(목) - 여름(화) - 환절기(토) - 가을(금) - 겨울(수)에 해당됩니다. 봄에서 여름은 발산하는 거예요. 이게 청춘의 에너지죠. 열정적으로 실험하고 모색하는 에너지이고 이게 중년까지 가는 겁니다. 그런데 계속 이런 상태만을 유지하라고 명령하는 게 자본주의거든요. 만약 자연의 계절이 봄-여름-봄-여름으로 되어 있다면 그렇게 사는 게 맞을지 모르겠어요. 하지만 지구 자체가 폭발했겠죠? 계속 뜨거워질 테니까. 그러나 자연에는 가을에서 겨울로 이어지는 '수렴'하는 시간이 있습니다. 발산하고 수렴하여 식힌 후에 다시 시작하는 게 자연의 이치죠.

이 이치는 하루 24시간에도 적용됩니다. 새벽 3시 반이 해가 뜨는 시간, 하루의 봄이죠. 그때부터 여섯 시간씩 돌아가는 거예요. 9시 반까지 봄이라서 이 시간에 일어나고 기지개를 펴지요. 여름은 오전 9시 반에서 오후 3시 반, 에너지를 펼치고 창조하는 시간이에요. 다시 오후 3시 반에서 9시 반까지가 가을, 열매를 거두는 시간이에요. 오후 9시 반부터 새벽 3시 반까지가 겨울, 열매마저 버리고 씨앗으

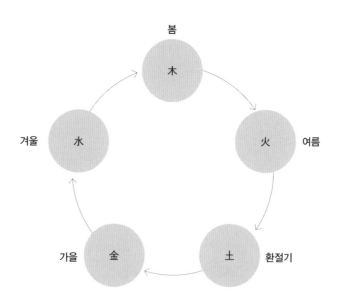

로 돌아가는 시간이죠.

만약 하루 종일 해가 떠 있다면? 계속 일을 하고 밤이 됐는데도 계속 일을 하면? 미쳤다고 그러죠. (좌중 웃음) 미치면 그렇게 되는 거예요. 쉬고 자는 게 중요하기 때문에 노동 시간을 정했는데 요즘 어떻게 살고 있나요? '불금'을 쫓아서 잠을 안 주무시죠. 옛날엔 공장에서 노동하느라 잠을 못 잤어요. 그래서 투쟁해서 노동 시간을 줄여놨는데 지금도 안 자요. 음주가무와 '먹방', 포르노, 게임, 쇼핑, 드라마 다시보기 이런 거 하느라 안 주무시죠. 이것이 다 '상품'입니다. 자본주의는 이 짧은 쉬는 시간도 허용하지 않는 거예요. 이 시간에도 화폐를 계속 쓰라고 요구하는 겁니다. "낮에는 노동해서 돈 벌어! 밤에는 소비를 해!"라고 명령하는 거예요. 자연의 리듬이 어긋나니까 중년 이후 수렴해야 하는 타이밍도 놓쳐버립니다. 그러니까 40대 이후에도 청년기처럼 투자하고 창업하다 망하게 되는 거죠. 계속 청춘의 연장이라고 생각하는 거예요.

이렇게 자본주의는 우리에게 계속 일을 하라고 말합니다. 우리는 지금 평생 고용이 보장되기를 원하지요? 그런데 80세고 100세고 죽는 날까지 직장 다니면 좋겠습니까? 이건 결코 인간의 자연스러운 욕망이 아닙니다. 물질을 어느 정도 축적하는 시간이 지나면 모두 자유인, '프리랜서'가 되어야 해요. 필요한 만큼 벌고 내가 떠나고 싶을 때 떠나고, 나의 노동과 삶을 조절하는 때를 맞이해야죠.

20대에는 그런 능력이 없기 때문에 나를 제약하는 직장에 들어가야 내가 붙어 있어요. 마치 봄에 막 피어나는 꽃들을 꽃샘추위가 와서 잡아주지 않으면 자기 앞가림하기 어려운 것과 마찬가지예요. 그러나 중년 이후에는 프리랜서가 돼야 합니다. 사실 누구도 평생 직장에 다니기를 원하지 않습니다. 이 나이가 되면 아무리 좋은 직장을 다녀도 독립하고 싶어지는 게 인지상정이에요. 우리 시대가 지금의 상황을 감당하지 못해서 그렇지 정년이든 '명퇴'든 잘 활용하면 내 본성에 맞게 자유인으로 살아가는 기회가 되기도 합니다. 그런데 우리는 다 청년들처럼 일하고 싶어하고 자신이 밀려났다는 설움을 스스로 만들어서 겪어요. 그렇게 직장이 좋은가요? 직장 다니면서 스트레스 받는다고 매일 뒷담화하잖아요? 이유가 뭘까요?

바로 화폐 때문이죠. 일을 사랑하고 일터를 사랑하는 게 아니라 화폐가 필요한 겁니다. 그렇다면 과연 중년 이후의 삶에 화폐가 얼마나 필요할까요? 얼마큼 있어야 안심이 될까요? '10억 정도는 있어야 한다'고 대답한다면 우리는 다시 열등한 청춘이 되는 겁니다. 늙고 병들고 노쇠해진다는 것의 축복은 많은 게 필요 없어지는 거예요. 쇼핑도 그렇게 당기지 않고, 예쁘게 보이고 싶은 욕구도 별로 없고, 맛있는 거 많이 먹으면 위험하고요. 양생의 대원칙은 동서고금을 막론하고 딱 하나, '소식하라'는 겁니다. 사실 많은 돈이 필요치 않지요. 그런데 요새 '먹방'이 너무 많아서 걱정입니다. TV에 나오는 대로 다 먹는다면서요? 너무 해로워요. 담배보다 더 해로워요. 쉬는 시간에도 무언가 먹고 사고 소비하게 만드는 거죠. 그래서 어른이 되지 못하고 청춘의 아류로 남아버리게 된 것입니다.

청춘으로부터의
해방

그래서 오늘 제가 잡은 강연의 주제가 '청춘으로부터 해방'입니다. 청춘을 흉내 내다 노년을 맞이하게 되면 정말로 참담합니다. 절대 청춘을 모방하시면 안 돼요. 그건 내가 살아온 시간들을 스스로 부정하는 거예요. 봄은 아직 여름을 몰라요. 봄과 여름을 지나온 나만이 아는 그 시간을 왜 스스로 부정합니까?

그런데 지금 우리는 청춘을 부러워하면서 흉내 내요. 사실 근거도 별로 없어요. 제가 정말 청춘이 아름다운가 돌이켜봤는데요, 생각해보니 절대 20대로 돌아가고 싶지 않더라고요. 그 시절에 저는 정말 구질구질했어요. 잘하는 게 하나도 없었어요. 저는 비염을 앓아서 최루탄이 백 리 밖에서 터져도 콧물이 났기 때문에 데모에도 적극적으로 참여할 수 없었어요. 연애가 됐겠습니까? 이 외모로. (좌중 웃음) 뭐가 됐겠습니까. 그때는 알바도 없었고요, 수업을 열심히 들어야 할 이유도 별로 없었어요. 선생님들도 수업에 잘 들어오시지 않았어요. 봄 학기에는 진달래 피면 오신다고 하고 가을에는 국화가 펴야 오신다고 하고. 저는 절대로 다시 돌아가고 싶지 않은 시절 1순위가 20대입니다. 차라리 중학교 시절은 시골에서 황무지 개간하면서 나름 재미가 있었어요.

이게 다 허상이라는 거예요. 청춘이 정말 우리가 부러워할 만한 시기인가? 지금 청년들 보면 부럽습니까? 저는 지금 청년들이 부러운 점이 한 가지 있어요. 다 백수니까 참 좋겠다. 저는 저만 백수였어요. 그래서 너무 부끄러워서 몰래 숨어 다니고 그랬는데, 지금은 다 백수이니 얼마나 떳떳해요. 부모님한테도 요즘 시대가 그렇다고 말하면 되죠. 저는 20대에 나만 꿀꿀하다고 생각했는데 그게 너무 당연한 모습이었다는 걸 깨닫고 그 시절에 대한 콤플렉스가 없어졌어요. 내가 40~50대가 되었다는 건 이 시간을 체험하고 지나온 거잖아요. 이게 얼마나 소중해요. 아무리 잘난 10대, 20대라 그래봤자 그건 인생에서 애송이입니다. 뭘 알겠어요? 아직 40~50대라는 여름의 열기를 겪어보질 않았는데.

우리가 '청춘이 멋지다'고 하는 이유는 많은 가능성을 실험하고 모색할 수 있다는 데 있습니다. 여행을 하고 시행착오도 할 수 있다는 것이죠. 돈은 어차피 못 법니다. 20대, 30대에 자기 힘으로 많은 돈을 벌 수 있나요? 저는 제가 무능해서 그런 줄 알았는데 나이가 들어 보니까 아무리 잘난 사람도 그때는 목돈을 벌 수 없더라고요. 지금 경제 체제가 '도박 경제'가 돼서 20대에도 큰돈 버는 사람이 나오는 것뿐이지, 부모의 돈을 '털지' 않고서야 20대가 어떻게 부자가 됩니까? 어차피 20대는 빈손인 거예요. 거기서 시작해서 여름의 단계 ─ 중년이 되면 자기가 할 일과 그 일에 대한 책임이 생기면서 돈이 모이게 되어 있어요. 어차피 그 시간은 기다려야 해요.

그리고 더 중요한 건 뭐예요? 얼마나 많은 실패를 경험했는가? 이게 핵심이죠. 내가 그동안 일이 술술 잘 풀렸다면 그 시간 동안 얻은 게 없지 않습니까? 현대인들은 실패를 '트라우마'라고만 말하는데 그렇지 않아요. 동양에서는 인간이 자유를 누리려면 81난을 겪어야 한다고 봅니다. 《서유기(西遊記)》를 보면 손오공과 저팔계가 108요괴를 만나고 81난을 겪는 게 미션이에요. 인간은 그래야 정신 차려요. 그렇지 않으면 탐욕과 분노, 어리석음에 완전히 노예가 되는 거예요. 나를 힘들게 했던 그 실패들이 나의 탐욕, 분노, 어리석음을 덜어줍니다.

그래서 실패가 자랑스러운 겁니다. '나는 이런 걸 경험했어' 하는 스토리가 있어야 합니다. 취직도 잘 되고 연애도 술술 풀리고 중년에 중산층에 무사히 편입한 분들은 다 우울증을 앓고 있어요. 바로 자기 스스로 생성한 스토리가 없기 때문이에요. 이런 분들이 자신을 청춘과 비교하면 '아, 나는 그냥 쓸데없이 늙어가고 있구나'라고 생각하게 되죠. 그래서 자신이 겪은 실수와 고생을 자랑스러워해야 돼요. 숨기면 안 돼요. 그건 시간이 나에게 준 선물이니까. 청춘은 살아온 시간이 짧으니 실패를 겪으려야 겪기도 힘들죠. 그래서 애송이라고 보는 겁니다. 절대로 청춘을 모방하지 않아야 합니다. 그런데 성형을 하면서까지 청춘을 따라가려고만 하니 성숙한 중년 문화, 노년 문화가 안 생기는 거죠.

몸에 대한 집착은
자본주의의 고도의 전략

그래서인지 현대인들은 정말 동안이 됐죠. 사실 성형을 할 필요가 없어요. 굳이 성형을 해서 얼굴을 갈고 다듬지 않아도 정말 나이가 안 느껴져요. 깜짝 놀랄 지경이에요. 불과 1980년대 상황과 비교해도 10년, 20년 정도 자라지 않은 것 같아요. 왜 그럴까요? 청춘을 계속 연장하겠다는 욕망이 지배하고 있기 때문에 성숙하지 않는 겁니다.

그렇다보니 한편으로는 청춘을 연장하려는 욕망을 불태우지만 한편으로는 100세 인생이 너무 두렵죠. 내가 50대인데 얼굴은 30대로 보인다, 그러면 지금 내 욕망은 뭐예요? 30대의 욕망을 갖고 있는 거죠. 저는 앞으로 할머니와 손녀딸이 한 남자를 좋아하는 일이 벌어지면 어떻게 하나 하는 걱정을 합니다. 그래서 미친 듯이 싸우는 내용의 드라마가 나올 거 같아요. (좌중 웃음) 안 그렇습니까? 이렇게 청춘을 연장하려는 욕망에 가득 차 있으면, 60대가 스무 살 정도 연하의 남자를 원할 거고 손녀는 손녀대로 자기 나이의 남자를 원하지 않겠어요?

동안이 되고 얼굴이 예뻐지면 다 좋을 거 같지만 오히려 불안과 두려움이 점점 커지기만 합니다. 이 현상에 내재한 굉장히 많은 모순을 개인들이 다 감당해야 하기 때문이에요. 겉으로는 그 불안에서 벗어나기 위해 더 외모에 집착하고 자기성숙을 거부하는 악순환이 벌어지는 거죠. 생체 리듬에 맞게 자립을 하고 이제 폐경기—가을을 맞이해야 합니다.

폐경기는 여성이 더 빨리 오죠. 여성은 남성보다 더 빨리 성숙하고 임신 가능성도 빨리 사라져야 해요. 환갑 됐는데도 계속 임신 가능성이 있다면 인생이 참 부담스럽지 않습니까? 그런데 폐경이 되면 여자 구실을 못한다, 더 이상 여자가 아니라며 호르몬까지 맞는데요, 이런 현상이 왜 일어날까요? 현대의학과 광고가 만들어낸 이미지 때문이에요. 계속 자극을 해야 아름다움과 성적 능력을 갈고 닦으려고 하지 않겠어요? 그러면 또다시 열등한 청춘이 되는 겁니다. 나는 이제 가을을 맞아 열매를 맺어야 하는 시기에 들어섰는데 꽃피는 그 시절의 벚꽃을 흉내 내려고 하면 얼마나 부자연스럽습니까? 50대인데 안 늙는 연예인들 있잖아요. 소름이 쫙 끼쳐요. 저러다 어떻게 죽지요? 죽을 때 얼마나 억울할까요?

죽음을 통과하려면 내가 집착하는 게 없어야 합니다. 인간의 운명은 자연에서 절대로 못 벗어납니다. 자연의 '매트릭스' 안에서 사는데 어떻게 우리가 자연과 다르게 삽니까? 그래서 자연의 원리에 따르는 폐경은 축복인 거예요. 이제 더 이상 출산의 의무를 지지 않아도 되고 인생의 한 마디가 지나간 거예요. 더 이상 여성으로서 남성의 짝짓기 대상이 아니어도 되는 거예요. 남성의 눈에 들지 않아도 되는 자유를 얻는 시기라는 거죠. 이게 바로 노년이 외모와 성적 욕구로부터 얻는 자유예요. 이 기막힌 시간을 왜 우울하게 여겨서 성호르몬 주사를 맞습니까. 현대의학은 그런 점에서 참 못됐다는 생각이 들어요. 인간을 계속 성적 주체로 호명하는 거예요.

다시 생체 리듬을 회복해야 해요. 그러면 우리는 자연스레 중년의 가을을 준비하게 되죠. 가을이 되면 내 욕망이 잦아듭니다. 가을이 됐는데도 매일 연애 생각이 나시는 분 있으세요? 몸이 계속 달아오르면 호르몬 과다분비로 치료를 받으셔야 합니다. 한의학 중에 열을 죽음을 통과하려면 내가 집착하는 게 없어야 합니다.
인간의 운명은 자연에서 절대로 못 벗어납니다.
자연의 '매트릭스' 안에서 사는데
어떻게 우리가 자연과 다르게 삽니까?
그래서 자연의 원리에 따르는 폐경은 축복인 거예요.
이제 더 이상 출산의 의무를 지지 않아도 되고
인생의 한 마디가 지나간 거예요.

확 식히는 약들이 있어요. 그 약을 먹으면 욕망이 완전히 다 사라져요. 파 한 쪽 들기도 힘들어요. (좌중 웃음) 사실 과도한 성욕은 다 미디어가 조작한 거고요, 리듬을 회복하면 우리 몸이 자연스럽게 거기에 맞게 살게 해줍니다. 그런데 이를 받아들이지 않고 약을 먹고 하면 나이가 들었는데도 계속 성욕의 주체가 되어 있는 거예요. 사람은 성욕으로 몸이 달아올라야 계속 소비를 합니다. 자본주의의 고도 전략이죠. 거기에 놀아나시면 안 됩니다.

나이가 들수록 여성의 삶이 더 윤택해지고 자유로워지는 것도 폐경이 빨리 오기 때문이에요. 남자는 60대에 폐경기가 오는데 왜 여자만 빨리 오냐고 억울해 하실 일이 아닙니다. 남자들을 안쓰럽게 생각해야 합니다. 얼마나 힘들까요? 64년 동안 계속 욕망을 겪어내야 한다는 게. 사회가 계속 부추기잖아요. 성욕이 가라앉으면 이제 나는 끝났다고 생각해서 비아그라를 먹게 됩니다. 남성으로서의 능력이 이 영역밖에 남지 않았다고 여기거든요.

저는 자본주의 문명이 인간에게 모든 시간을 노동하지 않으면 성욕에 쓰라고 요구하는 점이 너무 불편해요. 모든 문화가 온통 섹시 코드로 난리도 아니지 않습니까? 이렇게 되면 성적인 부분으로만 나를 증명해야 하는데 남성이 여기에 훨씬 약해요. 그러니 돈이 더 필요하죠. 60대가 돼서도 굳이 치킨집을 차렸다 망하고, 아니면 주식투자하고. 그래서 70대에 부자들이 파산해서 자살하는 경우가 많다죠. 왜 돈이 그렇게 필요할까요? 성욕을 쓰려면 돈이 필요해요. 이 시대의 남성은 돈이 있어야 여자를 만날 수 있잖아요. 노인이 되어서도 욕망만 좇아 산다면 성범죄자가 되기 십상이에요. 노년기에 이르러 경제적으로나 사회적으로 대단히 성공할 여지가 있겠습니까? 이런 상황에 욕망만을 강요하면 바람직하지 않은 방식으로 나갈 뿐입니다.

몸으로부터의
자유

그래서 저는 인간 본연의 생체 리듬을 10대 때부터 배워야 한다고 생각해요. 그렇게 마음의 준비를 하는 게 진정한 노후 대책이지 돈은 아무것도 해결해주지 않습니다. 몇십 억 벌어놨는데 치매 걸리면 그거 뜯어 먹겠다고 가족들이 나타나서 아귀다툼을 해댑니다. 결국 내가 평생 일해서 모은 이 돈이 자식들에게 폭탄이 되는 거예요. 이런 삶을 원하지는 않죠.

그래서 수렴 기간 때부터 비우는 연습을 해야 합니다. 돈이 없으면 정신적 풍요로움으로 살아가는, 마음으로 비우는 훈련. 이것이 공부고 수행입니다. 이렇게 100세를 살아야 거기서 오는 삶의 충만함을 깨달을 수 있고 이것이 바로 그 시대의 지혜가 되는 거죠. 현자들이 그랬죠. 소크라테스가 그랬고 공자가 그랬고요.《논어(論語)》없으면 동양인들이 어떻게 살아가겠습니까? 바로 노인의 지혜죠. 삶을 그 시절에 맞게 살아낸 자가 도달한 겨울, 그리고 생명의 근원.

이것을 터득하는 게 태어난 보람인 거죠. 산해진미를 먹으며 산다고 언제까지 행복할까요? 또 연애를 얼마큼 하면 행복할까요? 인간은 그런 걸로 만족하지 못하게 되어 있습니다.

어떤 점에서는 늘 병을 앓고 있는 게 좋아요. 그래야 몸을 조절합니다. 쓸데없는 욕심을 안 부리고요. 그래서 늙고 병드는 게 결코 나쁜 일이 아닙니다. 달라이 라마나 프란체스코 교황을 보세요. 우리 시대에 정말로 없어서는 안 될 사람들이잖아요. 노인이라 안 아픈 데가 없어요. 바로 그렇기 때문에 전 세계 사람들과 다 소통됩니다. 그것이 지혜예요. 지혜는 뭘 많이 가지는 게 아닙니다. 가지고 있어서는 절대 젊은이들하고 소통할 수 없어요. 그저 윽박지르겠죠. "나는 이렇게 성공했는데 너희는 왜 못해?" 드라마에도 많이 나오잖아요, 재벌 회장님들. 절대 자기 의도와 어긋나는 걸 용서 못 해요.

우리가 아프고 병들며 겪는 81난이 나의 '탐진치(貪瞋癡, 욕심과 노여움과 어리석음)'를 조절해줍니다. 얼마나 고마운 겁니까? 그래서 질병이야말로 선물이고, 그 연장에서 보면 죽음이야말로 생이 마련한 최고의 선물입니다. 처음 겪는 거고 나만이 겪는 나의 죽음이잖아요. 참 궁금하지 않습니까? 그런데 우리가 죽음을 비참하다고 느끼는 이유는 무엇입니까? 죽음이 애통한 거라는 전제가 왜 나올까요? 삶에 대한 집착 때문입니다. 그 삶이 다 '탐진치'로 점철되어 있기 때문에 갖고 있는 걸 못 놓겠다는 거죠. 이런 사람에게는 죽음이 지옥이겠죠. 하지만 생체 리듬을 타는 사람에게는 당연히 밟아가는 과정이 됩니다.

겨울은 반드시 있어야 돼요. 그 과정을 통과해야 다른 형식으로 다른 생명의 리듬에 참여할 수 있으니까요. 내가 살아가면서 했던 행동과 말과 생각 등 이 정보들은 우주에서 절대 사라지지 않아요. 다른 것들과 섞여서 변이될 뿐이에요. 그냥 생각만 한 것도 다 남아 있어요. 정보 자체는 해체되겠죠. 우리 몸이 해체되니까. 하지만 본질은 이 우주 안에서 계속 운행을 합니다. 그게 동양에서 말하는 죽음입니다. 그래서 동양 사상에서는 죽음을 터부시하거나 애통해하지 않았어요. 자연으로 돌아가서 쉬는 시간이라고 여겼죠. 몸에서 해방돼야 합니다. 몸을 가진 채로 살아남겠다고 하는, 이 몸에 대한 집착에서요.

해방 끝에 오는 우정의 시간

또한 우리는 남성, 여성의 이분법에서 벗어나서 새로운 관계의 장으로 들어가야 합니다. 바로 우정과 철학의 장이에요. 2천 년 전 로마의 철학자 키케로가 이미 얘기했어요. '노년이 됐다는 것은 젊은 날의 충동과 나를 지배하는 야성적인 질풍노도에서 벗어났다는 것이다.' 얼마나 자유롭습니까? 그러면 이제부터 삶에 대한 통찰로 들어갈 수 있게 되는데 이게 바로 철학입니다. 그런데 철학 공부는 혼자 하면 너무 외로워, 그래서 우정이 필요한 거예요. 공자도 3천 명의 제자가 있었고 부처는 깨달음 이후 40년 넘게 승가 공동체에 있었잖아요. 소크라테스도 죽음의 독배를 마실 때 제자들이 같이 있었죠. 예수도 열두 제자가 있었고요. 솔로가 없습니다.

노년에 접어들었다는 건 혈연적 관계망에서 벗어난 거예요. 부모님은 이미 돌아가셨고, 자식은 다 커서 자기 길을 가고, 나는 그 책임으로부터 벗어나 비로소 세상에 뚜벅뚜벅 나온 거예요. 온전히 세상과 만나는 일만 남은 거죠. 그런 존재들의 결합이 우정이에요.

철학을 함께하는 우정, 이를 동양에서는 '도반(道伴)'이라고 합니다. 여기서 배움이 일어나면 사제지간이죠. 스승이면서 친구, 이를 '사우(師友)'라고 하죠. 인간이 맺을 수 있는 가장 아름답고 완성된 관계는 사우 관계예요. 스승인데 친구처럼 허물없이 지낼 수 있고, 친구인데 그를 스승으로 존중할 수 있는 관계. 이런 관계가 인간이 태어나서 맺을 수 있는 최고의 관계입니다.

부부 사이도 이런 관계가 되지 않으면 황혼에 헤어질 일만 남아요. 같이 못 삽니다. 예전에는 뜨거운 열정으로 산 거예요. 성적 에너지로 산 거죠. 자식 키울 때는 공동의 과업이 있었는데 자식 다 크고 나서 둘이 쳐다보고 있으면 소 닭 보듯 데면데면하죠. 요새는 애완견을 키우니까 애완견을 쳐다보죠. (좌중 웃음) 점점 더 대화가 안 되면 아침에 일어나자마자 여성이 나갑니다. 못 있어요. 어느 순간부터는 간다는 말도 없이 쪽지만 써놓고 나가요. 이혼 서류에 도장 찍으라는 말도 쪽지로 해요. 성적 욕구는 뜨겁게 타올라서 결국은 재가 됩니다. 그 허망함은 살아보면서 다 체험하셨죠? 결혼해서 3년만 지나도 다 알잖아요. 부부 간에 좋은 관계를 유지하려면 배움의 관계로 바뀌어야 합니다.

친구도 마찬가지예요. 서로 배우는 친구로 바뀌지 않고 돈 문제가 개입되면 나이 들어서 다 깨져요. 각자 고집이 엄청 세지니까요. 치매와 다를 게 없는 게, 내 돈을 누군가가 노린다는 생각만 하게 되면 모든 관계에서 단절되고 고독사하게 되죠.

'어른'으로
늙어갈 용기

공자는 73살에 죽었는데 일주일 전 죽음을 예감하고 그 시간 동안 제자들과 작별하는 시간을 가졌다고 합니다. 이렇게 죽음을 작별의 시간으로 사는 것도 참 좋아요. 가르침이잖아요. 인간이 죽는 과정을 제자들에게 보여주는 거니까. 부처도 식중독으로 입적(入寂)을 하면서 마지막 유언을 남겼죠. "용맹정진하라. 나는 스승이 아니다. 도반이다. 그냥 이 길을 먼저 앞서 갈 뿐이다. 그러니 너희도 용맹정진하라." 자기를 믿어서 되는 게 아니라는 거죠. 이게 바로 지혜인데, 공자, 부처가 특별한 사람이었다기보다는 평생 생로병사에 대한 질문을 멈추지 않았던 노인이었기 때문에 이러한 마지막 순간을 가질 수 있었던 겁니다.

그럼 지금 우리는 왜 이런 경지에 도달하지 못하는가? 질문을 포기해 버렸기 때문이에요. 그리고 어딘가에 의존하려고 해요. 내 문제를 해결해 달라는 거죠. 해결해 줄 수 있는 존재가 어디 있습니까? 공자, 부처가 열어놓은 이 길을 참조하며 나의 지도를 그려갈 수 있을 뿐이지요.

사실 오랜 시간 인류의 문화는 지금과 다른 마지막 순간을 향유해 왔습니다. 인디언 문화를 보면 여성도 폐경 이후에, 남성도 환갑 이후에 그 마을의 지도자가 될 수 있어요. 아이를 낳지 않는 대신 문화를 생산하는 존재가 바로 노인이었고요. 마을의 운명을 예견하는 건 다 할머니들이었죠. 그런데 지금 우리의 할머니들을 생각하면 다 정신 놓고 계신 게 먼저 떠오르잖아요. 불쌍하고 약한 관리 대상이 되어버린 건데 이런 일이 일어난 건 산업혁명 이후예요. 그래서 몇 천 년 동안 내려온 인류의 문화적 패턴을 잘 참조해서 우리가 다시 복원해야 하는 그 시점에 놓인 겁니다.

산업혁명 초기에는 워낙 수명이 짧았어요. 노동이 가혹해서 다 일찍 늙어 죽었던 거예요. 이 자본주의가 얼마나 무섭습니까? 영국의 노동자들이 너무 노동을 심하게 해서 열다섯이면 다 얼굴이 노인이 됐대요. 노년과 그 가치에 대해 아랑곳하지 않았죠. 그러다 이제 비로소 노인들이 가치 있는 시대를 맞이했으니 이게 얼마나 대단한 축복인가요.

이 중요한 시점에서 노인이 해야 할 일은 직업을 다시 얻어 사회적으로 진출하는 일이 아니고, 혈연과 가족에 대한 책임으로부터 벗어나 공동체 전체의 비전과 자기 존재의 근원을 위해 일하는 것입니다. 지혜의 장이 열려야 합니다. 이 네트워크가 활발해지면 노인과 청년이 계속 소통할 수 있어요. 지금 우리에게 지혜로운 할머니와 현명한 할아버지가 있다면 얼마나 대단한 축복입니까? 마을이나 집안에 그런 노인이 있으면 아이들이 갖고 있는 심리적 불안은 거의 치유돼요. 지금 아이들이 모두 심리적으로 불안한 건 하소연할 할아버지, 할머니가 없기 때문이에요. 친구도 없고, 엄마한테 얘기해도 소용없으니까 결국 정신과에 가는 거죠. 그런데 할머니한테 가서 얘기하면 말하는 순간 치유돼요. 이러한 노년 문화를 다시 회복하려면, 지금까지 말씀드린 대로 청춘에 대한 허황된 이미지로부터 벗어나, 주로 성적 쾌락으로 구성된 소비 문화와 몸의 '탐진치'로부터 해방되어야 합니다. 그러고 나면 새로운 노년 문화가 꽃피게 되지 않을까 생각합니다.

저출산·고령화 시대에 노인의 적절한 역할은 무엇일까요?

다시 말씀드리면 노인의 역할은 지혜의 스승, 멘토가 되는 거죠. 멘토가 되려면 인생 전체의 비전이 있어야 해요. 멘토가 되라는 게 청년들에게 '이렇게 하면 성공해, 저렇게 하면 예뻐져' 이런 자기계발비법이나 전수하라는 게 아닙니다. 청년의 얘기를 들어줄 수 있는 귀가 있어야 해요. 그냥 자기 얘기를 주로 해주면 되는데, 재미가 없는 게 문제죠. (좌중 웃음)

그래서 노인은 유머가 있어야 해요. 왜 할머니들이 얘기하는 거 들어보면 진짜 웃기잖아요. 음담패설도 너무 웃겨요, 야한 게 아니라. 지혜는 유머와 함께 있어야 해요. 그래서 동양에서는 도를 '우주적 농담'이라고 말했어요. 선사들이 굉장히 괴팍하면서도 해학적이거든요.

어떤 선사는 제자들을 몇백 명 앉혀 놓고 "죽음을 두려워하지 마라. 생사는 하나다."라고 계속 가르치다 앉아서 입적을 해요. "나 이제 숨을 거둔다." 숨을 딱 거두는데 울고불고 난리가 난 거예요, 가지 마시라고. 그러니까 갑자기 눈을 뜨시고 "내가 생사가 여일(如一)

하다고 했거늘, 이게 뭐하는 짓이냐!"라고 호통을 치시고서 한 일주일 같이 살아주다가 떠나셨대요. (좌중 웃음) 죽음을 굉장히 유머러스하게 받아들이죠.

이게 바로 노인이 청년의 멘토가 되는 법입니다. 청년들이 찾아와 "불안해요, 미치겠어요." 할 때 "다 지나간다."라는 말을 남다른 포스로 말해줄 수 있는 건 세월을 살아낸 노인뿐입니다. "걱정마, 다 지나가."라는 말을 친구가 할 때와 할머니가 할 때를 비교해 보세요. 힐링의 효과가 다릅니다.

돈도 조금, 공부도 조금밖에 못 한 39세입니다. 그래서 부끄럽고 걱정이 됩니다. 40대는 어떻게 살아야 할까요?

40대를 불혹으로 살아보세요. 그럼 공자님처럼 되는 거예요. 나를 유혹하는 게 뭔지 잘 찾아보고 그걸 하나씩 극복해 나가세요. 그러면 불혹이 돼요. 내가 두려워하는 게 뭔지 살펴보고 그것과 대결하세요. 나를 끌고 다니는 것을 용서하지 마세요.

나도 모르게 술을 먹는다, 그러면 술이 나를 지배하는 거죠. 나도 모르게 포르노만 보고 있어, 벌써 지금 폴더에 가득 찼어, 그럼 야동을 그냥 폭파시켜 버리세요. '참을 수 없어, 네가 뭔데 나를 지배해!'라며 떨쳐버릴 수 있어야 합니다. 변명하지 마세요. 스트레스 때문이라고요? 우리 몸에겐 지금 야동이 더 스트레스인데요?

옛날엔 노인의 지혜가 마을에서 구현되었는데 지금은 인터넷에서 지식정보가

나옵니다. 노인의 지혜가 발휘되기 어려운 환경인데 이 시대에 노인의 지혜는 어떻게 구현될 수 있나요?

관계와 소통으로 구현이 되는 겁니다. 그래서 노인이 되면 정말 많은 사람과 친구가 될 수 있는 거예요. 후퇴하고 고립되시면 안 돼요. 나이도 들었겠다, 사회적으로 두려울 게 뭐 있어요? 망신스러운 일 좀 있어도 뭐가 두렵겠습니까, 사회적 통념을 다 벗어날 수 있는데. 그럼 누구와도 친구가 될 수 있어요. 이를 잘 보여주는 작품이 하나 있어요.《그리스인 조르바》예요. 조르바는 60대 노인인데 모든 것과 소통했어요. 돈도 없고 아무것도 가진 게 없었지만 한 청년과 정말 뜨거운 사랑을 나누었죠.

　인터넷에 아무리 지식이 많아도 소용없습니다. 일단 젊은이들은 '지식'을 검색하지 않습니다. 인터넷에 다 있어도, 공자의 인생에 대해서도 불경에 대해서도 찾아보지 않아요. 결국 말로 알려줘야 해요. 지식은 소리를 타고 움직입니다. 그래서 사람의 몸이 중요해요. 몸과 몸으로 전승되는 게 도예요. 그래서 현자들은 제자를 기다렸죠.

여러 욕망에 시달리는 이를 위한 긴급처방전이 있나요?

글쎄요. 몸을 차갑게 해주는 약을 먹으면 되는데. (좌중 웃음) 몸이 핫하신 것 같은데, 정말로 내 힘으로 안 되면 잘 듣는 한약이 있어요. 열을 다 식혀주는데 그렇게 되면 기운이 너무 없어서 또 흐물흐물 살게 돼요. 그래서 운동을 하셔야 돼요. 산책을 하고 기운을 다른 곳에 써야 해요. 산책하면서 낭송하는 게 제일 좋아요. 좋은 고전을 낭

송하면 에너지가 그리로 소통이 되죠. 이렇게 훈련을 하는 거예요.

지금 노인의 이미지는 젊은이들에게 혐오의 대상이 된 것 같습니다. 50대가 된 저는 젊은이와 노인의 중간에 있는 것 같은데, 이 나이의 사람들은 어떤 생각을 하며 살아가면 좋을까요?

50대면 '가을'의 초입에 들어간 거잖아요. 가을을 맞이하는 마음을 준비하면 되죠. 수렴의 시간을 준비하고요. 나를 충동질했던 것으로부터 침착해지고, 그로부터 오는 쓸쓸함, 적막함도 소중히 여기고요. 그걸 절대 두려워하면 안 돼요. 인간이 쓸쓸함을 느낀다는 게 얼마나 고귀한 감정인데요. 이걸 병이라고 생각하면 우울증이 돼요. 절대 그렇지 않습니다.

그렇게 나를 제약했던 것들을 하나씩 벗어나면 좋겠죠. 남녀 관계도 20대에 결혼했다 50대에는 서로 '해혼(解婚)'하는 게 맞아요. 결혼은 묶었던 것이니 해혼으로 혼인을 푸는 거예요. 묶었으니 풀어야죠. 죽기 전에 풀어줘야죠. 이혼하지 말고 해혼을 하세요. 더 이상 부부 사이에 별 볼 일 없어요. 아까 말씀드렸듯이 그게 생물학적 원리예요. 서로 자유롭게 해주세요. 각자의 우정을 향해 가면 됩니다. 이제 성숙해져야죠.

물론 50~60대에도 다시 사랑할 수 있어요. 하지만 청춘과 다른 사랑을 해야죠. 또다시 독점하고 소유하고 안달복달하면 너무 유치해지는 거예요. 어렸을 때 가지고 놀던 장난감이 지금도 아쉽습니까? 가난해서 장난감을 못 가지고 놀았더니 한이 돼서 지금 장난감을 사서 논다는 중년들이 일본에 대거 등장했다던데요. 그래서 다 모여서 장난감 놀이를 하고 있대요. 지나간 시간을 붙들고 있는 거예요.

20대, 30대에는 유치한 사랑을 할 수밖에 없어요. 모르니까요. 무식하니까 그렇게 하는 거예요. 달려들고 애면글면하고 금방 죽을 것처럼 하는 거예요. 그런데 50대 이후에는 이제 누군가를 사랑할 때 그렇게 할 필요 없다는 걸 알았잖아요. 인연은 그렇게 붙들 수 없다는 것, 그리고 얽어맨 만큼 내가 구속된다는 것도 알았죠. 이런 사랑이 우정이죠. 그런 훈련을 한다면 정말 새로운 삶이 기다리고 있는 거죠. 인생 2막이 열리죠. 그런데 지금 우리 사회가 말하는 인생 2막은 다시 돈을 벌고 젊은이처럼 사랑에 빠지라는 건데, 그러다가는 꽃뱀을 만나 비참해집니다.

이웃나라 일본의 젊은이들은 도무지 미래의 희망을 기대할 수 없는 현실을 일찌감치 인정하고 역설적으로 오늘의 만족을 누리면서 스스로 행복을 느낀다고 합니다. 오늘날 한국의 현실과 다르지 않은 것 같은데요, 20~30대 후배들에게 한 말씀 부탁드립니다.

1988년부터 국민총소득이 늘고 경제가 발전했을 때는 이런 시대가 올 거라고 생각 못 했죠. 열심히 일하면 계속 성장할 거라고 생각했어요. 너무 순진했죠. 봄-여름-여름-여름으로 갈 거라고 생각한 거예요. 이게 얼마나 황당합니까? 우주에 그런 게 있을 수가 없어요. 어떤 왕조고 문명이고 반드시 성장하면 쇠퇴하게 되어 있어요. 그리고 다시 시작하는 거죠.

일본이 가장 먼저 저성장의 늪에 빠졌죠. 자살도 많이 하고 마을도 없어지고요. 어느 섬에 가면 노인 열 몇 분과 고양이 수백 마리가 살아요. 그런데 또 그게 유명해져서 관광객이 많이 온다나요. 그런 상태에서 일본의 젊은이들이 뜬금없이 '사토리 세대(さとり世代)'가 됐어요. '사토리'는 '득도(得道)'라는 뜻이에요. 애들이 득도를 했어요. 모든 걸 다 포기했어. 결혼 포기, 직업 포기, 연애 포기, 집 포기, 자동차는 절대 안 사, "자동차를 사다니 바보 아냐?" 이런 말이 유행한대요. 법정스님보다 더한 무소유 상태예요.

황당한 일이죠. 국가 경제는 이렇게 어려워졌는데, 청년들이 이런 상태가 되는 건 굉장히 부자연스러운 거거든요. 노년에 거쳐야 하는 상태가 청년들에게 온 거예요. 이런데 어떻게 출산이 되겠어요. 그런데 이런 단계도 갈 데까지 가면 다시 회복이 될 텐데요, 후쿠시마 원전 사고가 났을 때 그 젊은이들이 다 자발적으로 자비를 들여서 구조 활동을 했대요. 반면 "요즘 젊은이들은 틀려먹었어. 나라를 위해 일하지 않고 수동적이야."라고 욕을 하던 기성세대는 한 명도 안 갔답니다. 그러니까 청년들에게 필요한 건 돈이 아니라 자기들이 활동할 수 있는 현장과 친구들이에요. 지금 무엇이 가장 결핍되어 있는지 아시겠죠? 너무 외롭고 쓸쓸한 거예요. 문명이 이렇게 만들어 놨어요. 그냥 공부 잘하고 돈만 벌면 된다고 했는데 그 결과 청년들이 이렇게 쓸쓸하고 외로워졌어요.

이렇게 상황이 갈 데까지 가서 '더 이상 돈, 돈 하면서 살 수 없어'

라는 생각들이 많아지면 청년들이 다시 청년답게 될 거예요. 지금 20~30대가 너무 안됐어요. 희생양이죠. 갈 데까지 가면 청년 문화가 다시 살아나겠지만 그 시간 동안에는 각자 앞가림을 해야 돼요. 왜? 정치경제가 그렇게 해주지 못해요. 다 망가진 다음에나 손을 대는 게 문명이지 예견해서 적절한 조치를 취하지 못합니다. 지금 세대는 다 희생양이에요. 다음 세대는 다를 거예요. 그래서 저는 미래에 대해서 낙관도 절망도 하지 않습니다. 갈 데까지 가면 다 돌아오게 되어 있어요. 우주는 몇만 년 동안 그렇게 했어요. 문제는 그 과도기를 거치는 지금의 청년들이 희생양이라는 거죠. 20~30대 후배 여러분들, 부디 각자도생하세요. 시대는 엄청난 희생자가 나오기 전에는 절대로 꿈쩍 안 합니다. 우리가 경제구조를 바꾸겠습니까? 대중도 동의하지 않을 거고요. 자기 눈앞에서 도시 하나가 없어지는 걸 봐야 그때부터 움직입니다. 일본도 아직 저런 상태인걸요.

자본주의 문화 때문에 망가진 이 시대의 분위기를 어떻게 바꿀 수 있을까요? 구체적인 방법이 있나요?

본인이 바꾸면 됩니다. 내가 바꾸는 만큼 우주는 바뀌어요. 그걸 안 믿기 때문에 집단 차원에서 뭔가 해야 한다고 주장하고, 시대가 바뀌면 뭔가 하겠다고 하면서 정치인들이 바꿔주기를 기다리거든요. 그렇지 않습니다. 내가 바꾸는 만큼 이 우주는 전혀 다른 형상을 펼칩니다. 한번 도전해 보세요.

정희진 /여성학 연구자

노인은
누구인가

자본주의, 생산성, 매력

1967년 출생. 서강대학교에서 종교학과 사회학을 공부하고 이화여자대학교에서 여성학 석·박사 과정을 마쳤다. 다학제적 관점에서 여성학, 평화학, 심리학 등을 연구해왔다. 저서 《페미니즘의 도전》에서, 한국 사회에서 노인은 계급적 개념이자 범주이며 지식인이나 정치인, 재벌 등 사회적 지위가 높은 사람은 아무리 나이가 들어도 노인으로 불리지 않는다고 지적한 바 있다.

지병을 앓게 되면서 장애인, 건강 약자, 노인에 대한 관심이 더욱 커진 그는 특유의 예리함으로 과연 이 시대의 노인이 어떤 존재인지 분석한다. "지식인이나 소위 좌파는 나이 들어도 노인으로 불리지 않고 자신을 노인으로 정체화하지도 않기 때문에, 노인 담론은 풍요롭지도 못한 실정입니다. 한 마디로 노인은 '흑인', '여성', '젊은이'와 마찬가지로 다른 종(種)으로 간주됩니다."

저는 강의 들으러 오시는 분들이 거의 제 또래나 그 이상일 줄 알고 안심하고 왔는데 의외로 젊은 분들도 많이 오신 거 같네요. 제가 요즘 강의할 때 가장 많이 듣는 말이 '네이버 사진과 다르다'는 항의(?)입니다. 제가 네이버에 사진을 올리지 않았으니 제 잘못이 아니고, 그 사진은 10여 년 전 겁니다. 저도 괴로워요. (좌중 웃음)

젊은 분들은 이 강의를 왜 들으러 오셨어요? 실례되는 질문인가요? 저는 솔직히, 젊었을 때는 나이듦에 대해서 관심이 없었거든요. 그래서 여쭤보는 거예요. 관심이 없었다기보다는 개념이 없었죠. 아예 딴 세상 얘기였으니까요. 닥치면 비로소 문제가 되잖아요. 진짜 궁금하네요. 제가 며칠 전에 주로 장애인들이 수강생인 강의를 했는데, 누가 듣는가에 따라서 강의 상황이 달라지죠. 제가 똑같은 여성학 강의나 똑같은 전쟁에 대한 강의를 한다 해도, 수강생에 따라서 다섯 개 이상의 버전이 있어야 하거든요.

저는 자기소개를 무척 중요하게 생각하는데요, 직업상 소개를 하면 저는 비정규직이고, 흔히 말하는 시간강사입니다. 저는 여성학을 전공했는데요, 여성학이 참 '이상한' 학문이잖아요. 학문으로 생각하지 않는 사람도 있고, 굉장히 다학제적(多學制的)이고 혹은 간학제적(間學制的)이기 때문에 설명하기가 참 어려워요.

저의 정체성 중의 또 하나가 장애인이에요. 지난주 장애인 강의의 경우, 흔쾌히 오케이를 했어요. 왜냐하면 저는 제가 장애인이라고 생각하거든요. 장애와 질병의 구분은 어렵고 복잡한 문제인데, 정식으로 장애인 등록 신청을 했는데 담당 공무원과 대판 싸우고 신청이 안 받아들여졌어요. 장애에 관심이 많다보니 지난주 강의는 일종의 동지들을 만나러 가는 기분이었어요. 그래서 마음이 편했고 오늘 이 자리도 그럴 거라고 생각했는데, 젊은 분들이 왜 이렇게 많이 온 거야. (좌중 웃음)

제가 마흔 살에 만성지병에 걸렸어요. 질병을 앓게 되면서부터 몸의 변화나 취약함에 대해서 생각하지 않을 수 없더군요. 이때부터 저는 여성 문제, 젠더(gender)로 인한 고통보다도 건강 약자로서의 고민이 훨씬 더 많아졌어요. 물론 젠더도 문제이지만 이미 저는 아줌마이기 때문에, 아줌마는 여자가 아니잖아요? '여성'보다 '건강 약자'로서 한 10년을 보내고 이제 내일모레 50이에요. 그 사실을 자각하는 순간, 제가 앞으로 살 날이 10년 정도 남았다는 생각이 들었어요. 물론 내일 죽을 수도 있죠. 10년이 아니라 하루밖에 안 남았을 수도 있고요. 그 다음부터는 사고의 틀이 다 바뀌었죠. 예전에는 계급이나 젠더 중심으로 사고를 했다면 지금은 몸의 상태나 건강 약자, 장애인, 노인에 대한 관심이 많이 생겼어요. 대개 여성들은 50대 후반쯤 되면 어떤 의미에서 소위 여성성을 잃기 때문에 래디컬(radical)해지죠. 젠더 자체가 젊은 사람으로 구성된 범주라는 것은, 계급 개념이 아예 남성만을 전제하고 있다는 것과 같은 논리거든요. 기존 여성주의가 대개 서구의 백인 여성 중심이라고 하지만 젊은 여성 중심이기도 해요. 물론 나이듦과 성별은 분리될 수 없는 문제입니다. 가부장제, 이성애 제도가 여성은 젊음과 외모라는 몸을 기준으로, 남성은 권력과 자원이라는 사회적 요소를 중심으로 정의하기 때문이에요.

욕망과 현실의
불일치

오늘 제가 제안한 주제는 '자본주의, 매력, 생산성'입니다. 여러분 모두 말씀 안 드려도 다 아시는 내용일 거예요. 다 우리의 경험이죠. 첫 번째로 제가 말씀드릴 것은 '욕망과 현실의 불일치'예요.

　네이버에 올라가 있는 제 옛날 사진은 제가 옷 사이즈 44를 입을 때 것이에요. 남성분들은 잘 모르시겠지만 여성들은 44사이즈에 집착하는 경향이 있어요. 그래서 우리나라 44는 일본의 55예요. 더 크게 나와요. 그런데 제가 여러 가지 이유로 살이 찐 거예요. 살이 찌니까 지금은 77이나 88을 입어야 해요. 그런데 저는 77이나 88사이즈 옷은 죽어도 사기가 싫어요. 내가 영원히 77이나 88이 될 것 같아서요. (좌중 웃음)

여기서 문제는 제가 갈등을 하고 있는데 해결을 못하고 있다는 거죠. 욕망에 맞게 살려면 살을 빼든가 아니면 큰 옷을 사든가 해야 하는데 둘 다 안 하잖아요? 살빼기가 어렵잖아요. 살을 빼는 스트레스 때문에 더 먹잖아요. 욕망과 현실의 불일치에서 오는 결과는 뭐예요? 맞는 옷이 없다는 거죠. 입을 옷이 없는 거죠. 제대로 된 옷을 못 입으니까 사람이 좀 추레하달까? 세수를 안 하면 노숙자 같달까? 그러다보니 강사로서의 사회성, 드레스코드에 맞추거나 '중산층 여성성'을 실현할 수 있는 우아함이 없어지죠. 원래도 없었지만. 저는 신경 안 쓰는 편인데 사회적 시선이 저를 귀찮게 하고 분노하게 해요. 여러분들은 양해해 주시겠지만 이런 품위 없는 옷 때문에 백화점 같은 데서 제가 두 번이나 걸렸거든요. (좌중 웃음)

옷을 사례로 들었지만 욕망과 현실의 불일치는 인생의 근본 문제죠. 우리의 욕망, 선망, 워너비, 희망 등과 현실은 언제나 일치하지는 않아요. 정권 교체를 바라는 사람들이 많겠지만 현재 상황은 별로 그럴 것 같지 않고, 국정 교과서가 채택이 됐으면 좋겠다는 사람들도 있겠지만 현실적으로 시민들의 저항에 부딪혀서 안 될 수 있고요. 진시황이 아니고서야, 아니 진시황도 안 되죠. 인간의 욕망과 현실이 언제나 일치할 순 없습니다. 생각은 계속 변화하고 앞서가기 때문이에요. 생각의 영역과 그것을 실현하는 물질적 영역 간에는 시간차가 있기 마련이죠.

그런데 이 중에서 인간에게 가장 불가능한 영역이자 고통을 주는 문제는 생로병사입니다. 이건 어쩔 수 없는 문제잖아요. 이때 인간은 자연계, 생태계로 '돌아가죠'. 인간은 하나의 생물체로서, 인간이 개입할 수 없는 질서의 지배를 받게 됩니다. 역사란 자연과 문화의 상호 작용이죠. 우리는 생로병사를 겪게 되어 있습니다. 수술로 외모도 바꿀 수 있고 성별도 바꿀 수 있는데 '노병사(老病死)'는 어쩔 수가 없잖아요. 그렇죠?

제가 가장 싫어하는 말이 '나이는 숫자에 불과하다', '마음은 청춘이다', '청춘은 60부터다' 이런 말들입니다. 의미 없는 말이죠. 그래서 어쨌다는 것일까. 그렇다고 젊어지는 것도 아니고. 저는 개인적으로 젊어지기를 원치 않고요, 또 더 젊게 사는 것이 반드시 바람직한 인생도 아니라고 생각해요. 저는 현재 20대가 겪고 있는 고통을 겪을 자신이 없고, 그런 경쟁 사회를 극복하지 못할 겁니다. 어쨌든 여러분도 나이와 관련해서 욕망과 현실의 불일치를 다 경험하셨을 거예요. 그런데 '노병사'가 다른 어떤 것보다도 가장 어쩔 수 없는 문제라는 것, 그걸 알기 때문에 우리가 이 자리에 모인 거죠.

자본주의와
만들어진 생애주기

나이라는 게 자연의 본질적인 질서 같지만요, 물론 질서인 측면이 있죠. 그런데 저는 여기서 자본주의를 다뤄보고자 해요. 우리가지금 생각하는 나이에 대한 개념은 사실 200~300년밖에 안 됐어요. 지금 여러분과 제가 알고 있는 거의 모든 지식—제가 생각할 때99.5% 정도라고 확신합니다—신학과 같은 학문 빼고 거의 모든 지식은 근대 자본주의 시대에 생겨난 거예요. 아니, 지식이라는 개념자체가 근대의 산물이죠. 이 자본주의가 생겨나면서 지구 인구가 갑자기 몇십 배 불었어요. 2억 5천에서 16억으로, 70억으로…. 그러니까 사실 인류 5천 년 역사보다 지난 200~300년 동안의 역사가 더압축적으로 이루어졌다는 얘기예요.

그리고 제가 생각하기에는 자본주의 200년의 역사가 지난 1989년 베를린 장벽 붕괴 이후, 2001년 9.11 이후에 또 한 번 극도로 압축적으로 이루어지고 있어요. 지난 9.11 이후의 글로벌 자본주의가우리를 완전히 다른 세계로 이동시켰기 때문에 이미 같은 자본주의가 아닙니다. 예를 들면 20년 전만 해도 '유비쿼터스(Ubiquitous)'라는 말이나 'SNS'라는 말이 없었죠? 200년 전의 옥스퍼드 사전을 보면 '모성'이나 '어린이'란 말이 없어요. 그때는 모성이라는 개념이없었기 때문입니다.

그러니까 우리가 지금 알고 있는 지식은 근대에 만들어진 것이기 때문에, 어떤 면에서는 이 지식을 상대화할 수 있어요. 지식을 역사적 산물로 볼 수 있다는 거예요, 본질이나 진리가 아니라요. 그러니까 이 자본주의의 등장, 근대의 등장과 함께 발달한 학문들을 처음에는 '영 사이언스(Young sciences)'라고 불렀는데 대표적으로 사회학, 심리학, 경제학 등이 있죠. 특히 사회학과 심리학은 매우 중요한데, 그 학문 자체가 철저히 근대적 개념인 개인과 사회를 설명하기 위한 장치이기 때문입니다.

'생애주기(Life circle)'라는 말 들어보셨죠? 생애주기는 자본주의 사회에서 노동의 활용과 큰 관련이 있어요. 사실 우리가 일상에서 가장 스트레스 받는 것 중에 하나가 생애주기라는 개념이잖아요. 생애주기의 '정상성'. 몇 살에는 무엇을 해야 하고, 그때 그걸 못하면 낙오자가 되고 '4포'가 되고… 완벽한 고정관념이자 우리 인생을 강제하는 강력한 규범이죠. 예를 들면 저는 고등학교 때 정말 가출하고 싶고 반항하고 싶었는데 내신 성적 때문에 못 했거든요. (좌중 웃음) 방황의 자유가 없잖아요, 우리나라는. 그 나이에 해야 한다고 정해진 그 무언가를 못 하면 사회에서 완전히 격리된 듯한 삶을 살아야 했죠. 이것이 생애주기라는 겁니다. 이 생애주기에서 노년기라는 개념이 나왔습니다. 중년기, 장년기… 장년기가 되면 자식들 다 독립시키고 어쩌고 저쩌고…. 이 생애주기에 맞는 인생을 살아야 '정상'이라는 생각이 우리를 의식적·무의식적·제도적으로 엄청나게 압박하고 있죠. 예를 들면 60세에 초등학교에 들어가면 뉴스거리가 되잖아요. 생애주기에 따르면 60세에는 초등학교에 들어가면 안 되거든요. 그러니

사실 우리가 일상에서
가장 스트레스 받는 것 중에 하나가
생애주기라는 개념이잖아요.
생애주기의 '정상성'. 몇 살에는 무엇을 해야 하고,
그때 그걸 못하면 낙오자가 되고 '4포'가 되고…
완벽한 고정관념이자 우리 인생을 강제하는
강력한 규범이죠.

까 우리가 나이 규범에 맞지 않게 일탈을 하면 그게 다 뉴스거리가 되죠. 사실은 사람을 '죽이는' 것 중에 하나가 이 생애주기예요. 생애주기의 정상성, 정상성 규범.

그런데 생애주기는 당시 서구 제국주의 국가의 평균수명 70세를 기준으로 만들어진 것입니다. 그 당시 인도의 평균수명은 40세였고, 우리나라 조선시대 평균수명은 44세였어요. 그러니까 이 생애주기라는 게 영원불변의 진리가 아니라는 겁니다. 나이가 숫자에 불과하다는 말은 생애주기를 무시하고 살라는 말이에요. 자기의 건강과 욕구 상태에 맞게 살면 되는 것이지 나이로 인해서 어떤 활동을 제한하면 그만한 인권 침해가 어디 있습니까. 연장자 차별이든 연소자 차별이든 저는 나이 차별에 아주 민감합니다. 저도 제 인생의 결정적인 시기에 나이 차별을 경험했어요. 어떤 부분에서는 성별 규범보다 더 벗어나기 어려운 것이 나이에 대한 규범이잖아요. 아마 여러분도 나이에 대한 차별, 많든 적든 이 차별이 주는 모욕감과 스트레스를 경험하셨을 거예요. 특히 여성이 나이가 많을 때 그 스트레스가 엄청나죠. 제가 마흔다섯 살 때 느낀 건데, 남자가 마흔다섯이면 막 떠오르는 소장학자예요. 하지만 여자가 마흔다섯이면 끝난 거예요.

젊은 남성의 노동력을 동원하라

생애주기는 심리학에서 나온 건데요, 원래 20~30대 젊은 남성들을 최고의 생산노동자로 동원하기 위한 장치였다는 게 가장 중요합니다. 이 나이가 피크(peak)라는 거예요. 가장 젊고, 젊지만 임금을 덜 줘도 되는 시기. 이 시기의 젊은 남성과 그 외의 인간에 대한 위계를 세우기 위해서 생애주기라는 개념을 만든 거죠. 이건 제가 한 말이 아니에요. 그러니까 믿어주세요. (좌중 웃음) 이건 칸트 같은 이성계 (理性界)의 철학자들이 고안한 거예요. 법칙성, 개인, 단일한 시간관, 합리성, 인권, 계몽주의, 문명… 모두 자본주의를, 근대라는 새로운 세계를 제대로 작동시키기 위한 철학적 개념들이죠.

사실 어떤 시기에 어떤 성별의 노동력이 가장 우수한가는, 개인별 특성이에요. 드라마 〈미생〉을 보면 '안영이'를 따라갈 애가 없잖아요. 모든 회사원 다 버려도 개만 있으면 되죠. 그런데 그것은 여자가 똑똑하다는 얘기가 아니라 안영이라는 개인의 특성입니다. 생애주기는 그 개인적 특성을 '젊은 남성'이라는 나이와 성별을 기준으로 집단화시키고 위계화시킨 겁니다. 이른바 생산성과 인간의 위계를 만든 거죠.

따라서 인간이 신이나 법 앞에 평등하다는 것은 '지향'이에요. 지향이고 희망사항이지 현실은 그렇지 않잖아요. 젊음을 숭배하는 것이 자본주의 사회에서 더 극대화된 거고요. '몇 살에 무엇을 해야 한다'는 이 생애주기 때문에 젊은이들에게 스트레스를 많이 주는데 사실 70세까지 연애를 못 해보거나 섹스를 못 해보거나 그런 게 무슨 상관이에요? 그 나이에 뭘 못 해봤다는 게 그렇게 중요해요? 남에게 폐를 안 끼친다면요. 사실 나이에 대한 생각을 완전히 지우면 궤도 밖에서 다른 생각을 할 수 있게 돼요.

인간이라는 존재 자체가 그렇지만 '노인'은 역사적 환경에 따라, 즉 개인이 속한 상황에 따라 유동적인 존재죠. 스스로 주장하는 나이가 다 다르잖아요. 그런 의미에선 '나이는 숫자에 불과하다'라는 말이 맞습니다. 이 말은 '나이는 비현실적'이라는 말과 같아요. 노인은 자본주의와 근대성의 '합리적인' 질서 속에서 방황하는 인구 집단, '회색 대륙'이랄까요. 여성을 검은 대륙이라고 했던 프로이트 식으로 말하자면, 그런 타자인 거죠.

주지하시다시피 노인은 젊음, 유희, 생기, 노동 등 현대사회가 주된 가치로 평가하는 것과 상반되는 존재라고 생각하기 쉽죠. 과거에는 인간이 늙어가는 것이 사회적 존경의 대상이었다면(사실 이 문제도 일률적으로 확정된 역사는 아닙니다만), 현대사회의 인간은 끊임없이 나이의 흔적과 싸우고, 자신의 직업을 잃어버리고, 더 이상 직장을 구할 수 없고, 대화의 장에 끼지 못할 존재라는 근심 속에서 늙어가는 것을 두려워하는 존재가 되었습니다. 지식인이나 소위 좌파는 나이 들어도 노인으로 불리지 않고 자신을 노인으로 정체화하지도 않기 때문에, 노인 담론은 풍요롭지도 못한 실정입니다. 한 마디로, 노인은 '흑인', '여성', '젊은이'와 마찬가지로 다른 종(種)으로 간주됩니

지식인이나 소위 좌파는
나이 들어도 노인으로 불리지 않고
자신을 노인으로 정체화하지도 않기 때문에,
노인 담론은 풍요롭지도 못한 실정입니다.
한 마디로, 노인은 '흑인', '여성', '젊은이'와
마찬가지로 다른 종(種)으로
간주됩니다.

다. 프랑스 학자 다비드 르 브르통(David Le Breton)에 의하면 인간은 사회 계급 속에서 세상과 자신의 관계를 만들어 가는데, 그 과정에서 계급이나 개인사에 따라 자신이 만든 몸의 이미지와 자신에 대한 가치를 판단하게 됩니다. 그러므로 어떤 의미에서는 노화는 하나의 '감정'이죠. 생물학적 나이에서 시작하는 것이지만, 개인만이 인지하는 지표들을 망라한 자기개념입니다.

줄어드는 일자리, 늘어나는 수명

여러분, 지금 자본주의가 100년 전의 맨체스터의 자본주의와 같지는 않지요? 맨체스터, 리버풀은 산업혁명의 중심지였죠. 쉽게 얘기하면 기존의 생산과 노동, 생산과 소비 중심의 자본주의가 지금은 금융과 유통 중심의 자본주의로 변했어요. 금융과 유통을 장악하면 주문형 방식으로 유통 라인을 장악할 수 있고 축적이 더 용이하죠. 예를 들어 이마트에서 자체상품을 개발하는 경우를 생각해 보세요. 가격이 싸질 수밖에요. 동네 가게가 경쟁할 수 없죠. 이런 방식으로 자본주의가 큰 변화를 이루었어요.

근대 자본주의는 한 나라 안에서 도시와 농촌 간 생산의 분업 형태를 보였어요. 물론 그 전제는 가정 내 성별 분업이죠. 강원도 평창은 배추, 여의도는 금융, 이런 식이었어요. 그런데 FTA는 일국이 아니라 전 세계적으로 국가별 분업화가 이루어지는 거예요. 브라질은 포도, 한국은 자동차, 이런 식으로요. 한 나라 안에서의 도농 분업도 도시 빈민을 양산하는 등 큰 문제를 일으키는데 그게 전 세계까지 가니 무서운 거죠. 마르크스가 한 유명한 말 중에 죽을 때 남긴 "나도 자본주의가 이렇게 될 줄은 몰랐다."라는 말이 있습니다.

자본주의가 그 질을 달리하면서 일어난 첫 번째 변화는 일자리가 줄어든 것입니다. 3포 세대, 4포 세대, 잉여, 주체적 종속 등 여러 가지 용어들이 이 상황을 대변하고 있죠. 엄격히 말하면 지금의 상태는 우리가《자본론》에서 처음 만난 그 자본주의 사회가 아닌 셈입니다. 일자리가 줄었다는 사실은 제가 굳이 말 안 해도 인정하실 거예요. 관악구에 있는 저희 집 앞 모 은행도 합병을 거듭하다가 직원이 8명에서 2명으로 줄었어요.

그런데 일자리는 줄었는데 수명은 늘어났어요. 평균수명은 엄청 늘어났죠. 소위 '고령화사회'입니다. 일자리는 줄어들고 수명은 늘어났다는 게 우리의 고민 아니에요? 거기에 돈 버는 시기가 짧아졌어요. 아시겠지만 정년 보장이라는 개념이 없어졌잖아요. 예를 들면 우리나라 재벌 이사진의 나이가 40대 초중반이거든요. 전 처음에 "와, 이렇게 나이주의를 혁파하고 젊은 사람들을 기용하는구나."라고 말했다가 엄청나게 욕먹었습니다. (좌중 웃음) 그게 아니라 40대 초반, 가장 젊을 때 노동력을 완전히 빼먹은 다음에 아웃시키는 거죠. 그러다보니 40대 초반에 임원이 나오고 후반에 과로사하거나 은퇴를 하게 되었습니다. 일 하는, 돈 버는 시기가 짧아진 거예요.

그러니까 젊은이들이 공무원이나 교사를 선호하죠. 정년이 어느 정도까지 보장되니까요.

돈 버는 시기가 짧아진 거, 이거 대단히 중요해요. 그러니까 아주 특별한 경우, 조용필 씨같이 뛰어나게 천재적인 사람이 자유직종으로 삶을 영위하는 경우를 빼고는 일반 임금노동시장에서 많은 사람들이 동태니 명태('명퇴', 명예퇴직을 줄인 말)니 이런 얘기를 하는 거겠죠. 그런 현상이 저희 집안에서도 나타나는데요. 제 여동생의 남편이 제 나이 또래이고 스펙이 글로벌 차원에서 끝내 주는데 지금 '업자'예요. 실업자라고요. 제가 "아니, 형 같은 사람이 어떻게 업자야?"라고 했더니 생각을 해보래요. 자기와 같은 조건을 가진 20대가 수천 명이라는 거예요. 제가 그 말을 듣고 큰 충격을 받았어요. 자기 같은 조건을 가진 사람이 20대에 수천 명인데 기업에서 자기를 쓰겠냐는 거죠. 자기를 불러오려면 최소한 부사장 이상을 달아줘야 하는데 젊은 애들을 쓰면 월급을 그렇게 안 줘도 되잖아요. 간단해요. 그 사람이 볼 때 저는 자유직종이죠. 원고를 쓰거나 강의를 하면서 생계를 유지하니까요. 저를 오히려 부러워해요. 겉으로 볼 때는 스펙이 비교가 안 되는데, 그 사람은 조직에 취업을 해야만 먹고살 수 있으니까요.

이렇게 돈 버는 시기는 짧아지고 남는 시간은 많아지는 상황이 대세가 되었습니다. 이건희 씨가 "한 명이 십만 명을 먹여 살린다."라고 말했는데 그건 틀린 말이에요. 제가 볼 때에는 한 명이 백만 명 먹여 살려요. 옛날에는 사회 구조가 피라미드 구조였어요. 그래서 우리는

피라미드 구조	다이아몬드 구조	글로벌 도시의 연대/공간 분리
(기존 국민국가)	(바람직한 국민국가)	(후기 국민국가, 혹은 전지구화)

피라미드 구조를 다이아몬드 구조로 바꿔야 한다고 얘기했죠. 피라미드 구조는 계급 구조잖아요. 그래서 중산층이 많은 다이아몬드 구조로 바뀌어야 한다는 거였어요. 그런데 지금의 구조는 이 두 가지 모두 아니에요. 지금은 상위 0.001%가 공간적으로 아예 분리되어 있어요. 그래서 우리는 그들이 보이지 않아요. 비가시화되어 있어요. 그들이 어떻게 사는지 가끔 텔레비전에서 보여주죠. 그것도 상상일 뿐입니다. 이들이 어떻게 사는지 우리는 알 수 없어요. 이전에는 상위 계층 사람들이 눈에 보였고 소위 투쟁과 비판의 대상이기도 하고 매스컴에 노출도 됐어요. 하지만 지금은 그냥 딴 세계예요. 지도가 두 개인 셈입니다. 이게 바로 '신자유주의', '글로벌 이코노미'인 거죠. 어떤 면에서는 인종 문제 등과도 상관없어요. 인도의 어마어마한 부자들처럼, 자기들이 어느 나라 기업을 인수했는지도 모르는 거대 자본들이 숱하게 많은 겁니다.

이렇다보니 여러 가지 문제가 겹쳐 있는데요. 최근에 서울대학교 학생들이 집단적으로 9급 공무원 시험 준비를 한다는 얘기 들었어요? 당사자들은 "저녁이 있는 삶"을 살기 위해 9급 공무원 준비를 하는 거라고 하고요, 다른 쪽에서는 서울대학교 나온 너희들이 그런 일을 하면 안 된다, 그것마저 빼앗아 가면 안 된다는 이야기를 한다고 합니다. 준비하는 학생들은 저녁이 있는 삶, 돈보다는 가정과 행복이 중요하기 때문에 9급 공무원 시험을 본다는 거고, 다른 쪽에서는 너희들은 너희들의 스펙에 맞는 시험 준비를 해야 한다고 주장하는 겁니다.

그런데 제 생각은 달라요. 둘 다 아니라고 봐요. 학생들의 말은 사실이 아니고 스펙에 맞는 시험을 준비하라는 의견은 잘못된 분석입니다. 미안한 얘기지만 이 친구들은 7급 공무원 시험이나 대기업 시험에 붙을 자신이 없는 거예요. 능력이 없는 거예요. 물론 그게 이 친구들 잘못은 아닙니다.

지금 이 문제가 우리의 주제와 어떻게 연결이 되냐하면요. 현재 우리 사회는 일자리는 줄어든 반면, 일하는 사람에겐 엄청난 능력을 원해요. 그런데 현 교육제도상 사교육을 줄이기 위해서 수능을 쉽게 낼 수밖에 없어요. 그래서 만점을 받지 않으면 바로 서울 밖으로 밀려나요. 그러니까 요즘 아이들이 스펙은 좋은데 아는 게 없어요. 영어도 못하고 국어도 못해요. 예를 들면 외국어라는 것은 우리말을 완벽히 한 상태에서 배워야 의미가 있는데 두 언어에 모두 혀가 짧아요. 이메일도 못 써요. 제가 여성학 강의 시간에 나혜석과 이중섭의 삶을 같이 설명하면서 '이중섭이나 나혜석이나 둘 다 정신병이나 노숙자로 비참하게 죽었다, 그런데 왜 남성 예술가의 불행한 죽음은 치열한 예술혼이고 여성 예술가의 죽음은 그렇게 인정받지 못하느냐'고 설명을 하면 예시를 하나도 못 알아들어요. 나혜석이 누군지 모르는 거예요. 이

건 그 친구들의 잘못은 아니죠. 스펙과 입시교육 자체가 깊이 없이, 아이들한테 충분한 지식이나 생각을 전달하지 못하면서 대강 수박 겉핥기식으로 진행되니까 소위 '명문대'를 졸업해도 기업을 만족시키지 못하는 겁니다. 기업이 대학에 불평이 많아요. 그렇다고 취업 준비를 대학에서 해주는 것도 아니에요. 애들이 개별적으로 다 하죠. 개별적으로 취업 학원 다니고 성형하고 아나운서 학원 다니고 도서관에서 토익, 토플 공부하고요. 결국 우리 사회가 더욱 더 젊은이들이 일자리를 갖기 어려운 구조가 되어간다는 겁니다. 취업 준비생들이 실력을 갖출 수 있게 제도적으로 뒷받침해 주지 못하고 다 개인의 부담으로 넘기면서 실질적으로는 하향평준화시켜 버렸습니다. 너무 안타까운 마음이 들어요.

그러니까 외국의 엘리트 인력이 들어오기 시작하죠. 한국에서 커버가 안 되니까요. 저는 학생들한테 강의할 때 우리나라 최초의 이주노동자는 미군정(美軍政) 직원들이라고 가르치거든요. 최초의 이주노동자는 동남아시아 사람들이 아니에요. 왜 휴렛패커드(HP)의 여자 이사는 이주노동자가 아니고 동남아시아에서 온 사람들만 이주노동자라고 생각해요? 다 이주노동자예요. 문제는 어떤 노동 인력이 들어오느냐죠. 어쨌든 일자리가 없는 데다가 글로벌 경쟁력에 대응할 교육 시스템이 부재한 가운데, 학벌주의, 사교육의 부담 등이 겹쳐 누구의 잘못도 아닌 가운데 10대의 자살자만 늘어가는 꼴입니다.

자본주의와 매력 자본, 그리고 노인

우리는 보통 외모주의를 여성 문제로만 생각해온 경향이 있습니다. '여성의 외모주의.' 그런데 저는 이렇게 보는 데에는 한계가 있다고 생각하거든요. 물론 여성이 외모에 신경을 많이 쓰죠. 외모가 여성의 재산이자 시민권이니까요. 우리나라 남자들에게 여자는 사회·정치적 주체, 즉 사람이 아니에요. 여자는 깡패든 간첩이든 절도범이든 예쁘기만 하면 되잖아요. 미스 간첩 선발대회, 미스 절도범 선발대회, 1984년까지는 미스 여군 선발대회도 있었어요. 여자는 소위 말하는 빨갱이나 간첩이어도 예쁘면 그만입니다. 한국 남성들, 북한 '미녀응원단'에 미치잖아요. 그 여성들을 사회적 존재로 보지 않는 겁니다. 여자는 머릿속에 어떤 이데올로기가 들어 있든 상관없다는 거죠. 그런데 어떤 여학생이 그러는 거예요. 왜 선생님은 여학생들이 영어 학원 가고 다이어트를 하는 그런 식의 자기계발 노력은 인정하면서 성형수술로 인한 노력과 고통은 인정하지 않느냐고 항의를 하는 거예요. "사실은 성형수술로 인한 노력과 고통도 다이어트, 영어 공부와 같은 노력과 고통을 요구하는데 왜 성형만 외모주의로 비하하고 비난하느냐!" 그래서 "나 그런 적 없어요."라고 말을 했지만, (좌중 웃음) 그 여학생의 항의가 그럴듯하지 않아요?

어쨌든 저는 외모주의를 두 가지 차원에서 접근해요. 사실 외모주의를 여성 문제만으로 보기엔 이미 너무 많은 사람들이 체화하고 여기에 완전히 익숙해져 있기 때문에 이로부터 자유로운 사람은 없다고 봅니다. 외모주의로부터 자유로운 사람은 남성이고 여성이고 없어요. 어떤 면에서는 여성들이 더하죠. 엄마들이 더하고.

저는 이 문제를 먼저 '공공의료(public health) 서비스의 위기'로 봅니다. 제가 성형수술을 한 제 친구한테 "야, 내가 심장병이 걸려서 내 심장을 열 의사가 필요하니 쌍꺼풀 만들고 목뼈 늘리는 데서 좀 데리고 와."라고 말한 적이 있습니다. 지금 모든 의사가 피부과, 성형외과로 몰려가서 다른 의사가 없잖아요. 그럼 어떻게 할 거예요, 나중에. 더군다나 성형외과조차도 모자라서 다른 의사가 불법으로 성형수술을 하는 판이잖아요. 그러니까 이 문제는 공공의료 서비스의 문제, 전 국민의 문제로 만들어야 한다는 거죠. 그래서 국가가 강제적으로라도 심장외과나 흉부외과, 뇌신경과 의사를 양성해야 한다고 생각해요. 나중에 어떻게 하려고요. 이러한 관점에서 보면 이건 여성 문제가 아니라 국민 보건의 문제가 되는 거죠.

그 다음, 저는 외모주의를 '동안(童顔)' 문제로 봅니다. 젊음이요. 탤런트들 보면 40~50대가 그 나이라는 게 믿어지지가 않죠. 몇 살까지 그렇게 살지는 모르겠지만. 사람들이 왜 그럴까요? 30대 이상 여성들의 외모 관리 말예요. 손톱 꾸미시는 분들 있잖아요. 저처럼 원고를 하루에 몇 시간 쓴다든가, 설거지하고 청소하고 그러면 그런 손톱을 가질 수가 없거든요. 중국의 전족 떠올려 보세요. 저도 실제 사진을 보고 충격 받았는데 진짜 끔찍한 거예요. 중국 남자들은 여자들의 작은 발에 성적 페티시가 있대요. 여자들이 발육을 못하도록 발가락에다가 쇠줄을 묶어서 피가 터지고… 발은 발육을 하려고 하는데 못하게 막아놨기 때문에 온통 피투성이예요.

양귀비는 그렇게 해도 돼요. 문제는 이 중산층·왕족의 규범을 노동 계층이 따라하는 거죠. 농사짓는 여자들이 그 발로 무슨 고생이에요. 결혼시장이나 노동시장에서 외모가 다 중요하긴 하지만, 특별히 외모가 중요한 계층이 있는 반면 그렇지 않은 계층도 있잖아요. 예를 들면 60대 전업주부의 외모가 그렇게 대단히 중요한가요? 제가 최근에 책을 냈는데 어떤 출판사에서 저보고 살을 빼고 화보를 찍자는 거예요. 저는 말세가 왔다고 봤어요. (좌중 웃음) 페미니스트에게 화보를 찍자? 그런데 다른 사람들은 찍거든요. 요새는 저자의 외모도 책 파는 데 굉장히 중요해요. 나중에 알고 보니까 웬만한 글 쓰는 여자들이 책표지에 얼굴을 넣고 다 성형을 했더라고요.

하지만 저는 '글'이라는 것이 여성을 성(sexuality)과 성역할로부터 자유롭게 할 수 있는 최후의 보루라고 생각하거든요. 글 쓰는 여자한테까지 외모를 요구하면 그건 끝나는 거예요. 그리고 사실 예쁜 몸과 공부하는 몸이 양립할 수 없고, 일하는 몸과 예쁜 몸이 양립할 수가 없어요. 일단 예뻐지려면 10시가 되면 그냥 자야 해요. 얼굴이 예쁘고 피부가 좋으려면 많이 쉬고 많이 자고 좋은 거 먹고 해야 해요. 그런데 저는 매일 스트레스 받고 세월호 글 쓰고 하는데 기분 좋은 일이 뭐가 있겠어요. 밤에 잠 못 자고 커피 마시지, 하루 종일 앉아 있으니 배 나오지. 한나 아렌트(Hannah Arendt)나 버지니아 울프(Virginia Woolf), 실비아 플라스(Sylvia Plath), 이 사람들 다 우연히 미인인 거예요. 이 지구의 엄청난 천재들이 우연히 미인이었던 것이지 실제로는 그럴 수가 없어요. 글 쓰거나 공부하거나 노동을 하면요, 예쁘기가 아주 힘들고 특히 저처럼 스트레스가 많으면 우울하고 폭식이 따라와요.

또한 나이와 젠더, 이것은 나이 자체의 문제이고 또 젠더 자체의 문제입니다. '여자의 정년'은 생물학적 나이인 마흔, 남자의 정년은 사회적 일을 그만두는 시기를 의미하죠. 여배우들의 스트레스는 아마 짐작하기 힘들 겁니다.

꼭 '곱게'
늙어야 할까

이 부분은 제가 이 강연(글)에서 가장 중요하게 다루고 싶은 이야기입니다. 제가 여러분한테 질문거리가 있어요. 이 강연 프로그램을 보니까 '인생이모작'에서부터 고령화사회에서 행복하게 살아갈 수 있는 방법을 다루어 가실 예정이던데요, 100세 시대라고 하지요? 이렇게 100세 시대를 준비하며 인생이모작을 논하는 축이 하나 있어요.

한편으로는 스코트 니어링(Scott Nearing)처럼 스스로 곡기를 끊어서 몇 살까지만 살겠다고 자기가 정한 분들이 있고, 소설가 복거일 선생님처럼 자기가 암에 걸렸지만 치료하지 않겠다는 분들도 있어요. 들뢰즈(Gilles Deleuze)라는 철학자는 70세에 자살했거든요. 70세에 아파트에서 투신했어요. 저는 이 부분에 대해 여러분의 생각을 여쭙고 싶어요. 저는 이게 굉장히 고민이거든요. 지금 든 예가 100세나 70세이니 그렇지, 40세에 '나는 여기까지만 살겠다' 하고 결정하면 안 되는 것일까요? 그런데 사람들은 왜 나이든 사람의 자살은 비교적 쉽게 수용할까요?

또 한편으로는 꼭 '곱게' 늙어야 할까라는 질문을 던지는 입장이 있어요. 바로 접니다. 아주 반인권적인 시각이 아닐까 하는 부분이기도 한데요, 일본의 유명 소설가 아리요시 사와코(有吉佐和子)는 "저는 대소변을 가리지 못해 타인에게 귀찮은 존재가 될지라도 오래 살고 싶습니다."라고 했어요. 정갈함, 의존에 관한 상식을 깨뜨리는 놀라운 선언이 아닐 수 없습니다. 남에게 민폐 끼치는 것을 큰 수치로여기는 일본 문화를 감안할 때 더욱 그렇죠. 체액이 통제되고 주름이없고 머리숱은 풍성하고 허리는 곧으며… 저를 비롯해 많은 사람들이 나이 들어서도 꿈꾸는 몸이죠. 그러나 노인과 장애인, '뚱뚱한' 여성, 성적 소수자, 이들에 대한 차별은 바로 몸에 대한 비현실적인 욕망에 뿌리를 두고 있습니다. 몸은 모든 정치의 시작이죠. 우리는 육체적 고통, 신체적 비참함에 시달리는 이들에게도 (마음속으로는) 우아한 몸가짐을 요구합니다. 하지만 '몸 밖의 대소변'을 수용할 때, 살아있는 이웃들의 다양한 몸도 존중할 수 있어요. 인간이 사망하기까지평균 투병 기간은 10년, 그 취약하고 '못생긴' 시절도 소중한 삶의 일부라고 생각합니다. 어린 미모가 최고 가치인 사회에서, 나이듦과 그에 따른 미추(美醜) 관념을 바꾸는 것은 혁명이 아닐까요? 그리고 이

것은 노년만의 과제가 아닙니다. 지금 외모는 자원을 넘어 인격화되고 있어요.

노인의 정의는 무엇이고 바람직한 삶의 방향은 무엇일까요?

제가 사실 제 진로도 못 정했어요. (좌중 웃음) 일단 노인의 정의는 없다고 생각해요. 노인을 정의하지 않을 때, 노인에 대한 차별이 없어진다고 생각해요. 노인의 정의 같은 건 없어요. 그리고 원래 저는 정의를 싫어해요.

어떤 사람이 저보고 왜 '페미니스트' 선언을 안 하냐고 그래요. 저, 그런 말 너무 싫어하거든요. 아니 왜 사람을 규정하려고 해요? '내가 누구다', '내가 뭐다' 그런 식의 정의는 추구하는 과정일 뿐이지 본질적으로 그런 건 없잖아요. 아니 내가 누군지 자기가 어떻게 알아요? 여러분들 다 아세요? 물론 고민하고 지향하고 추구하죠. 내가 누군지, 어떤 사람이 돼야 하는지 고민하는 것이지 내가 누구라고 정의하는 사람들은 문제가 있는 사람들이죠. 그걸 알아주지 않으니까 남자들이 술 먹고 매일 하는 얘기가 "너, 내가 누군지 알아?"잖아요. 저 그런 사람들 많이 봤어요. 그럼 제가 이렇게 얘기하죠. "선생님이 누구인지 제가 알아야 합니까?" (좌중 웃음)

자기정의라는 것은 여러 가지 문제가 있어요. 자기정의와 남들이 하는 정의가 불일치할 때 생기는 갈등은 어떻게 하면 좋을까요? 또 우리는 다 흔들리거나 변화하는 유동적인 존재이지 딱 '무엇이다'라고 정의할 수 있는 존재가 아니죠. 예를 들면 저는 여러분이 이 강의에 참여하기 전과 후에 조금은 달라진 몸을 갖고 나가실 거라고 생각하거든요. '즐거웠다', '괜히 왔다 간다', '강사가 이상하다' 등등의 생각을 하시면서요. 2시간 후에는 우리가 달라지지 않았을까요?

노인의 '바람직한' 삶의 방향은 우리가 토론해볼 수 있는 내용이라고 생각하는데요. 제가 생각하는 바람직한 삶의 방향은 자기몰두예요. 자기몰두형 인간. 이기적인 거하고는 달라요. 자기세계가 있는 것, 자기가 추구하는 세계가 있는 것, 그게 공부든 낚시든 사회운동이든 예술이든 자기가 추구하고 몰두하는 세계가 있는 분들은 일단 외롭지 않고 남을 괴롭히지 않아요. 그것만 해도 어디예요? 외롭거나 남을 괴롭히는 사람들이 제일 문제잖아요. 제일 무서운 남자는 열등감 있는 남자고, 제일 무서운 여자는 외로운 여자거든요. 그랬더니 제 동생이 하는 말이, 제일 무서운 남자는 열등감을 '표현하는' 남자고, 제일 무서운 여자는 외로움을 '표현하는' 여자래요. (좌중 웃음)

이기적인 것하고는 다르다고 했죠? 사람이 어떤 세계를 '추구'할 때는 결코 나쁜 것을 추구하지 않아요. 살인과 악을 추구한다든가 부패를 추구한다든가 이렇지는 않죠. 대부분 나쁜 것은 차선책으로 선택하는 것이지 그것 자체를 목적으로 추구하는 사람은 없죠. 저는 가장 바람직한 삶은 공공선에 가까울 수밖에 없다고 생각해요.

저도 놀랐는데, 노인 연구에서도 가장 큰 어려움이 빈곤이 아니었잖아요. 한 달에 20만 원 이하로 생활하는 노인들 연구에서도 가장 어려운 게 뭐냐고 물었더니 외로움이래요. 인간은 외로울 때 사고를 쳐요. 반면 자기몰두, 자기세계가 있다는 건 한마디로 나름대로의 의미 있는 삶을 추구하는 것이죠. 그 의미는 뭐 여러 가지일 수 있죠. 이게 즐거움을 주면 더 좋겠죠.

자살할 권리, 자살할 수 있는 권리를 일부 국가에서 허용하는 것으로 알고 있는데요, 이것은 선진국에서만 가능한 것인지 궁금합니다. 자살할 권리를 허용한다면 자살률이 더 높아지지 않을까요?

제가 알기로 안락사를 허용하는 나라는 있어도 자살을 권리로서 승인하는 나라는 없는 것으로 알고 있어요. 저는 자살이라는 말에 대해 그리 규정적으로 생각하지 않는데요. 의학에서 가장 어려운 부분이 사인(死因) 규명이래요. 그 사람이 무엇 때문에 죽었느냐가 가장 규명하기 어려운 문제라는 거죠. 그러니까 예를 들면 심장마비로 죽었다는 얘기 많이 하잖아요. 의사 친구가 하는 말이, 죽어서 심장마비가 온 건지 심장마비가 와서 죽은 건지 매우 어려운 문제라는 거예요.

예를 들면 우울증으로 죽잖아요? 그런데 다 우울증 때문에 죽는 건 아니에요. 우울증을 앓게 되면 다른 병이 와요. 비만이라든가 스트레스라든가. 우울증의 가장 큰 증상은 우울이 아니라 기운이 없는 거예요. 당뇨병으로 죽는다는 것도 당뇨로 죽는 게 아니라 합병증으로 죽죠. 사실 우리가 암으로 죽는다고 해도, 실제 사인은 암 자체가 아닌 다른 것일 수 있다는 거죠.

저는 자살에 대한 통계는 거의 안 믿어요. 2014년 우리나라 청소년의 사망 원인 1위가 자살이었죠. 1,450명으로 1위였어요. 실제로는 1,450명이 아니라 몇 배가 되는지 알 수 없어요. 어떤 부모가 사망 신고서의 사망 원인 적는 난에 자살이라고 쓰겠어요. 제 주변에도 미국 가서 죽었다, 심장마비다, 넘어졌다, 떨어졌다, 이런 얘기가 많았어요. 그러니까 자살은 아주 명백한 경우, 예를 들어 노무현 전 대통령 같은 사례 외에는 통계상에 잡히기 어려운 '질병사'입니다.

자살할 권리를 허용한다면 자살이 늘어나지 않을까? 그렇지는 않아요. 자살이 늘어나는 원인은 굉장히 다양합니다. 미국에 마약을 허용하는 주(州)가 있죠. 마약을 허용하고 보건소에서 나눠줘요. 그러면 두 가지 효과가 있다고 하죠. 마약으로 인한 범죄가 없어지고 에이즈(AIDS) 감염 등 위생상의 문제가 줄어들어요. 스웨덴 등 몇 나라에서는 굉장히 성공적이었어요. 오히려 마약중독자가 줄고 범죄가 줄었어요. 그런데 이 마약 허용이라는 문제가 까다롭기 때문에 많은 경우 비밀 프로젝트로 유지됩니다. 왜냐하면 일반 보수적인 시민들은 '왜 내가 낸 세금으로 사람들한테 마약을 주느냐'고 항의할 수 있기 때문입니다.

자살은요, 제가 알기로는 질병사예요. 특히 우울증으로 인한 질병사죠. 보통 질병에는 원인이 있고 결과가 있잖아요. 육체적인 질환은 그나마 정신 질환에 비해 인과 관계에 대한 설명이 가능한 측면이 있지만 조울증, 조증, 우울증, 조현증(정신분열증) 등 정신 질환은 쉽지 않죠. 단순히 세로토닌 분비 문제인지, 사회경제적 문제인지 그 원인이 아주 다양하거든요. 우울증도 뇌 질환이고 신체적인 병이에요.

그러나 우리는 자살을 굉장히 개인적인, 의지의 문제로 보잖아요? 그게 아니라는 거예요. 개인 의지가 아니라 이 의지(신체)가 고장이 난 거라니까요. 2014년에 '세 모녀 자살 사건'이 있었잖아요. 그때 텔레비전에 전문가들이 나와서 얘기를 하는데 제가 너무 놀랐어요. 시대의 변화를 체감했어요. 그 세 명의 정신과 의사가 다 똑같이 "죽을 수밖에 없었다. 솔직히 우울증 안 낫는다. 평생 관리해야 한다. 심각한 병이다. 대부분 자살로 끝난다." 이렇게 말을 하는 거예요. 여태까지 의사들이 이 사실을 숨겨왔다는 거죠.

사실 우울증과 가장 비슷한 신체적 질병은 에이즈예요. 만성, 안 낫는다는 거죠. 잠복, 겉으로 볼 때는 별 문제가 없죠. 에이즈도 계속 에이즈 양성으로 살아가는 사람들이 많죠. 그래서 미국에서는 에이즈 양성 반응을 가진 사람들이 여성, 동성애자, 장애인처럼 어떤 정체성 집단을 만들어서 커뮤니티를 이루고 운동하면서 살아가요. 약 값 내리는 운동 등이요. 사실 평생 관리하면 되는데, 평생 관리가 어렵죠. 의료 보험도 잘 안 되고.

한국은 생애의 각 시기에 맞는 삶이 있다는 사회적 시선이 매우 강한 사회인 것 같습니다. 초혼 연령, 자녀를 낳는 시기도 늦춰지는 등 과거와 다른 변화가 뚜렷해지고 고령화사회가 가속화되어 가는데 생애주기에 대한 고정관념도 변화해

야 건강한 사회의 모습을 갖출 수 있을 수 있을 것 같습니다. 세대별로 어떤 노력이 필요할까요?

세대별 노력을 언급하셨는데 이와 관련하여 굉장한 논쟁이 있죠. 세대 모순이라는 것이 실제로 존재하느냐, 아니면 사실 계급 모순을 없애기 위해서 그것을 세대 모순으로 치환한 것이냐는 논쟁이 있거든요.

저는 세대 간의 모순은 없지만 갈등은 있다고 생각해요. 요새 50대 남성들한테 하는 심한 욕이 있어요. '개저씨', '유슬림' 등 굉장히 심한 말이 있는데요. 요즘 많이 등장하는 '금수저', '흙수저'라는 말에는 세대 갈등이 들어 있지 않죠. 금수저를 주는 사람하고 받는 사람하고 무슨 세대 갈등이 있겠어요. 가족 내에서 계급이 세습되기 때문에 사실 세대 간의 갈등은 아닌데요. 흙수저가 금수저를 미워하는 게 아니라, 흙수저가 나이에 대한 혐오주의, 에이지즘(Ageism) 때문에 금수저를 '주는 사람'들을 미워하는 거죠. 거기에는 계급주의와 나이주의가 함께 작동하는 거예요.

사실 어떤 문제의 본질은 계급 문제예요. 예를 들면 사람들이 계급 문제를 회피하기 위해 그걸 여성 문제로 바꾸는 경우가 있어요. 대표적인 게 군 가산점 문제죠. 우리나라 군대 문제는 많은 경우 남성과 남성 간의 계층 문제예요. '신의 아들'에서부터 '어둠의 자식들'까지. 그러니까 남성들 간의 평등 문제를 자기들끼리 해결해야 하는데, 남성들이 자기 내부의 계급 투쟁을 회피하기 위해 그걸 여성이나 장애인을 비하하는 방식으로 가져오는 거죠. '어둠의 자식들'이

'신의 아들'과 싸워야 하는데, '신의 아들'한테는 아부를 하고 여성이나 사회적 약자한테 화살을 돌리는 경우 있잖아요. 그러니까 사실 계급, 젠더, 나이, 이런 수많은 사회적 갈등이나 모순은 단독으로 작동하는 경우가 없어요. 모습을 바꿔가면서 그 현상을 드러내죠.

예를 들면 우리가 생각할 때 '일베' 문제는 우리 사회의 혐오 문화나 약자 비하 문화와 관련 있는 거 같잖아요? 보통 그렇게 분석을 하는데 제가 생각할 때 일베는 우리나라에서 본격적으로 우익 시민사회가 조직화되는, 이데올로기적 기관을 만들어내는 매우 중요한 집단입니다. 우익시민사회가 자발적으로 조직되는 거예요. 그리고 여성 혐오의 근원지는 일베가 아니었어요. 다만 혐오 대상 중에서 여성들만 대응을 했을 뿐이고 전라도 사람이나 성적 소수자는 별 대응을 할 수가 없었어요. 또 혐오 발언은 다 '젠더 메타포(Gender Metaphor)'를 동반합니다. 그렇기 때문에 이게 여성 혐오처럼 보이는 거지 사실 여성 혐오의 주범이 일베는 아니었어요. 그런데 2015년 한 해 동안 여성 혐오가 모든 사회 이슈를 다 덮었죠.

한국 사회에서 세대 모순은 복잡한 문제입니다. 조한혜정 선생님 이론대로 압축 성장의 문제에서 온 세대 간 소통, 가족 내 세습으로 인한 계급 문제의 세대 문제화, 실제 나이주의라는 독립된 문제의 작동 등이 얽혀 있고 모두 나름 설득력이 있다고 봅니다.

하지만 세대 갈등을 지나치게 강조하는 것은 흙수저에게 불리하다고 생각합니다. 근본적으로 계급 문제니까요. 성별도 마찬가지인데, 특히 나이는 자기가 경험하지 않으면 이해하기가 어려운 부분이에요. 요새 '미러링(Mirroring)'이라는 말을 많이 쓰잖아요? 역지사지죠. 남성들이 여성 혐오 발언을 하니까 여자들이 "너희들도 겪어봐라, 한번", "입장을 바꿔서 생각해보자"라고 대응했는데, 그 노력은 훌륭했지만 전략상으로는 실패했다고 생각해요. 여성들의 잘못이라기보다는 한국 남성들의 경우 남의 처지를 이해하는 상상력이나 품성이 전혀 갖춰져 있지 않아요. 그렇기 때문에 역지사지를 할 능력이 없어요. 미러링 효과가 없었던 거죠. 역지사지도 아무나 해요? 제가 역지사지를 한다고 해도 장애인 입장에서 역지사지를 하는 게 매우 어렵잖아요. 다만 저는 그걸 인정할 뿐이죠, 못한다는 것을. 그러니까 역지사지는 다 어려워요.

세대별 노력을 한다는 건 다른 세대를 이해한다는 건데 사실 윗세대는 가능해요. 그래서 '꼰대' 얘기가 나오는 건데, 나이 드신 분들은 젊은 시절을 거쳤기 때문에 젊은 세대를 이해하는 부분이 있어요. 그런데 젊은 세대는 죽었다 깨어나도 그 미래를 이해하기가 힘들어요. 말씀 드리다보니 이 얘기 자체가 또 꼰대 같은 이야기가 될 수도 있겠네요.

이 이야기는 이런 부분과도 연결이 돼요. 여성들은 공적 영역에서도 일하고 사적 영역에서도 일하기 때문에 남성들 입장을 이해해요. 그런데 남성들은 주로 공적 영역에서 일하기 때문에 양 영역에서 일하는 여성들을 이해하기가 힘들어요. 여성들이 공적 영역에 진출하는 만큼 남성들이 사적 영역에서 가사 노동이나 육아 노동에 종사하지는 않잖아요. 6배 이상 시간 차이가 나거든요. 그런 면에서 통

넘과 달리 여성들이 훨씬 더 세상을 넓게, 더 많이 아는 거죠. 우리
나라 사람들은 영어와 한국어를 모두 쓰지만 미국 사람들은 한국말
을 쓸 필요가 없잖아요. 사회적 약자들은 두 가지 경험을 다 하기 때
문에 어떤 부분에서 상대방에 대한 이해 폭이 넓어요. 예를 들면 제
레즈비언 친구는 이성애도 알고 동성애도 알기 때문에 세상을 훨씬
더 넓게 봐요. 우리는 레즈비언에 대해 잘 모르잖아요. 그런데 레즈
비언들은 이성애 사회에서 살아남기 위해서 이성애 사회를 알아야
되고, 거기에 맞는 대처 방법을 알아야 돼요. 이것은 모든 사회적 약
자가 사는 방식이기도 합니다.

김태형 /심리학자

너무 많이 아픈
한국의 노인들

'꼰대 말고 꽃대'를 위한
심리학

1965년 출생. 고려대학교 심리학과를 졸업하고 같은 학교 대학원에서 임상심리학을 공부했다. 《트라우마 한국사회》 등의 저서를 통해 꾸준히 한국 사회의 문제점을 분석해왔으며 '심리학으로 바라본 행복'이라는 강연에서 지금 한국에서 가장 불행한 세대는 노인 세대라고 진단하기도 했다. 그는 현 노인 세대의 불행이 지배집단에 순종하고 개인주의적으로만 살아왔던 삶에서 기인한다고 지적한다. 또한 돈으로 자기평가를 하는 한국 사회의 문제점이 노인을 더 절망하게 만든다고 강조한다. 한국 노인들은 결코 악한 게 아니라 아프다는 것이다. "한국의 노인 세대는 '아파'요. 굳이 정의하자면 악한 게 아니라 아파요. 오죽하면 자살률이 이렇게까지 높겠습니까? 자기가 너무 아프면 다른 사람을 돌아볼 수가 없어요."

안녕하세요. 반갑습니다. 심리학자 김태형입니다. 제가 '꼰대 말고 꽃대!'라는 주제로 강연 요청을 받았어요. 그런데 우연히 얼마 전 청년들이 '꼰대에 대한 취재를 하고 싶다'며 찾아온 적이 있습니다. 왜 이런 기획을 했느냐 물으니 "오늘날 젊은 세대가 한국의 나이 든 세대를 꼰대로 바라본다."라고 대답하더라고요. 안타까운 얘기지만 오늘 한국의 노인 세대가 젊은 층에게 그리 호의적인 반응을 얻지 못한다는 걸 보여주는 거겠죠. 그러다보니 '꼰대'라는 말도 나왔을 거고요. 오늘의 주제는 어떻게 하면 이 꼰대 소리를 안 듣고 아름다운 '꽃대'로 늙을 수 있을까입니다.

사람이 나이를 먹으면서 가장 바라는 건 잘 늙는 거 아니겠습니까? 영화를 보면 마을에 나이 많은 촌장이 계시는데 지혜롭고 따뜻한 분이라 마을의 모든 사람들이 재판관이나 경찰보다 더 의지하고 어려운 일이 있으면 찾아가서 상담하는 장면 같은 거 많이 나오죠? 저는 그게 노인들이 바라는 미래의 자기 모습이 아닐까 생각해요. 젊은 사람한테 지혜로운 사람, 따뜻하고 인자한 어른으로 존경받고 힘들면 언제나 찾아가서 의논할 수 있는 어른으로 늙는 것이 거의 모든 사람이 갖고 있는 희망일 텐데 한국의 현실은 그렇지 못한 것 같습니다.

누가
'꼰대'인가

그 젊은 친구들이 와서 "꼰대가 뭐냐?"라고 물어봤을 때 제가 이렇게 규정을 했어요. 고집불통인 사람, 폐쇄적이고 변화하려 하지 않고 소통도 잘 안 되는 그런 사람을 보통 꼰대라고 부르지 않느냐고 얘기했습니다. 나이 든 어른 중에서 남의 말을 무조건 안 듣고 고집 부리고 자기만 옳다고 생각하고, 그러다보니 다른 세대와 대화가 거의 안 되고 젊은이들에게 권위적으로 대하는 분들을 보통 꼰대라고 부르는 것 같아요.

저는 지금의 나이 든 세대가 다 이렇다고 생각하지는 않습니다. 좋은 분들도 상당히 많죠. 그런데도 젊은이들이 이 세대를 꼰대라고 지칭하는 이유는 소통 안 되고 고집불통인 몇몇 노인들과의 접촉에서 받는 상처가 크고, 이런 분들이 또 목소리가 크시고, 선거 때에도 젊은 세대의 기대와 좀 다른 행동을 보였던 게 누적되면서 생긴 현상이라고 봅니다.

두 세대가 이렇게 서로 멀어지는 이유를 물어보면 서로 상대방 비판을 많이 합니다. 자기들 잘못이라기보다는 상대 잘못이라고 얘기하는 경우가 많은데요. 일단 노인 세대와 젊은 세대가 서로를 어떻게 바라보고 있는지 좀 살펴보죠.

우선 현재 노인 세대와 젊은 세대는 정치 성향이 상당히 다르지 않습니까? 지난 대통령 선거를 비롯한 여러 선거에서 드러났지만 노인 세대는 정치 성향에서 거의 보수적 경향을 띠죠. 반면 젊은 세대로 내려가면 보수보다는 진보 쪽 성향이 강하죠. 그래서 '세대 투표'라는 얘기가 나올 정도로 갈리는 편인데요.

한편 노인 세대는 젊은 세대를 '부족한 것 없이 자란 배부른 세대'로 보는 것 같습니다. 사실 이 세대는 고생을 많이 하면서 자랐기 때문에 요새 젊은이들에게 "우리가 자랄 때 비하면 지금 너희가 얼마나 물질적으로 풍요롭고 행복한데 그런 소리를 하고 있냐." 하시죠. 또 요즘 젊은 세대는 고분고분하지 않다, 우리는 윗사람들이나 어른들한테 굉장히 순종적이었는데 요즘 애들은 그런 태도를 보이지 않는다, 철이 없다, 이렇게 바라보는 것 같아요.

반면에 젊은 세대는 지금 노인 세대에 대해 '반성할 줄 모른다'고 생각하는 것 같습니다. 잘못한 게 있어도 자기들 잘못이 아니라고 고집을 피우면서 계속 우긴다는 겁니다. 젊은이들이 이런 얘기를 하는 이유 중 하나는 청년실업 문제 등 여러 가지로 한국 사회에 많이 실망하고 있고 이런 사회를 만든 책임이 현 노인 세대에게 있다는 거죠. 그런데 거기에 대해 반성하는 걸 본 적이 없다는 거예요.

또 좀 '비굴하다'고 생각하는 것 같아요. 젊은 세대는 아직 에너지가 있으니까 불의를 보면 싸우려고도 하는데 노인 세대는 그냥 웬만하면 넘어가고 좋은 게 좋다는 식인 경우가 많으니까요.

'이기적'이라는 생각도 있는 것 같습니다. 이건 노인 세대와 젊은 세대 모두 서로에 대해 느끼는 부분 같은데요. 젊은이들이 볼 때 노인들은 자기들만 괜찮으면 괜찮다고 생각한다는 거예요. 예를 들면 제가 얼마 전 주로 노인들이 사시는 농촌 지역에서 강의를 했는데요. 젊은이들이 와서 그 분들한테 자기들 상황이 안 좋다, 젊은 사람들 살기 힘들다고 얘기하니 "우리는 좋다."라는 말씀만 하시더래요. 실제로 그 지역은 노인 복지가 잘 되어 있는 곳이라 노인들이 "우리는 사는 데 큰 문제없다."라는 말씀만 반복하셨다는 거죠.

한편 노인 세대는 자기 세대가 억울하다는 인식을 갖고 있어요. '우리는 젊어서 부모님 모시고 나이 들어서 자식 키우느라고 인생을 다 바쳤다. 그런데 요즘 젊은 세대는 부모님도 안 모시고 자식도 안 낳는다. 우리는 억울하다. 우리는 모든 희생을 다 치르면서 살아온 세대다'라는 거죠.

반면 젊은 세대는 자기들 입장이 안 되어봐서 그렇지 본인들도 힘들다는 거예요. 젊은 사람들은 스스로를 'N포 세대'라고 부르지 않습니까? 원래는 연애-결혼-출산을 포기했다고 해서 3포 세대라고 불렀어요. 그게 5포, 7포로 늘어나다가 지금은 무한대를 포기했다는 뜻에서 'N포 세대'라고 부르고 있습니다. 또 한국 사회를 '헬조선'이라고도 불러요. 지옥을 뜻하는 '헬(hell)'과 조선의 합성어죠. 한국 사회가 지옥보다 더 나쁘다, 혹은 지옥 같은 곳이라는 표현을 하는 것입니다. 이게 좀 과장된 표현이긴 하지만 어쨌든 젊은 세대가 지금의 한국 사회에서 그다지 행복하지 않다는 것을 알 수 있죠.

이렇게 서로 대척점에 있다 보니 소통에 어려움을 겪어요. 나이 든 세대와 젊은 세대가 만나서 의견 충돌을 벌일 경우, 좀 권위적인 어른들은 당장 나이를 들먹이죠. "나이도 어린 것들이, 어디 감히." 젊은 세대들은 그런 모습을 보고 "나이 값도 못하면서." 하며 반발하고요. 한국 사회에서 흔히 연출되는 풍경 중 하나죠.

불행의 증거들

그런데 지금 노인 세대의 상황은 어떨까요? 앞서 얘기한 대로 두 세대가 갈등을 일으키고 그 과정에서 노인 세대가 꼰대라는 얘기를 듣는다면, 지금의 노인들이 행복하다는 얘깁니까, 불행하다는 얘깁니까? 느낌이 오시겠지만 불행하다는 얘깁니다. 사람이 행복하면 어때요? 개방적인 사람이 됩니다. 행복한 사람은 마음이 열려요. 닫히질 않죠. 그래서 타인에게 너그럽습니다. 기분이 너무 좋을 때 누가 실수로 탁 치고 지나갔어요. 그리고 그 사람이 "죄송합니다." 하면 어때요? 기분 좋을 때는 "아, 괜찮아요." 하겠죠. 그런데 기분이 굉장히 나쁠 때는 소리를 빽 지르겠죠. "야! 눈을 어디다 두고 다니는 거야!"

다른 사람한테 너그러워지려면 일단 자기가 기분이 좋아야 돼요. 자기가 행복해야 합니다. 사람들이 점점 닫혀가고 고집불통이 되어간다는 건 별로 행복하지 않다는 걸 의미합니다. 우리 한국의 노인 세대가 만약에 행복하다면 꼰대 소리는 안 들을 거예요.

일단 통계로 한 번 살펴볼까요? 한국 노인들의 경우에는 우울증을 앓는 분들이 무려 33.1%나 됩니다. 10명 중에 3~4명이 우울증을 앓는다는 얘긴데요. 그렇다면 지금 노인 세대 전체가 우울하다는 얘기예요. 우울증이라든가 마음의 병은 일반인들이 전혀 갖고 있지 않은 독특한 병이 아닙니다. 이게 심리학의 기본 태도입니다. 무슨 얘기냐 하면 '우울한 사람이 조금 정도가 심할 때' 그게 우울증이 된다는 거예요. 이 세대에 우울증 환자가 많다는 건 뭘 의미하느냐? 바로 그 세대 전체가 우울하다는 얘기죠. 그중에서 정도가 심한 사람들이 우울증 진단을 받는 것일 뿐 나머지도 우울하다고 봐야 합니다. 만약 어떤 세대에 우울증을 앓는 사람들의 비중이 1%밖에 안된다면 그 세대는 전반적으로 우울하지 않다고 볼 수 있는 거고요. 그래서 이 수치는 노인의 33.1%만 우울하다는 게 아니라 이 세대 전반이 대단히 우울하다는 것을 보여주는 겁니다.

한국 노인들의 우울증 정도가 이렇게 높다면 자살률도 높을 거라고 예측할 수 있지 않습니까? 자살의 큰 원인 중 하나가 우울증이니까요. 현재 한국 노인의 자살률은 인구 10만 명 당 81.9명입니다. OECD 평균의 10배입니다. 세계 1위예요. 한국 노인들의 상태가 심각하다는 걸 보여주는 수치죠. 요즘에는 무연고 사망도 빠르게 늘어나고 있습니다. 가족과 헤어져서 혼자 쓸쓸히 돌아가시는 노인들이 굉장히 많다는 거죠.

그러면 우리 노인들이 왜 이렇게 불행해졌을까요? 그 얘기를 하기 전에 한국 노인의 자살률에 대해 조금 더 자세히 짚어보죠. 노인 세대 자살률을 보면 특징이 있습니다. 한국 사회에서 자살률은 다른 세대보다 노인 세대가 월등히 높은데요. 연령별 10만 명당 자살 사망 수를 보면 75세 이상이 83.4명으로 앞 세대보다 훨씬 높습니다. 자살을 많이 하는 일본과 비교해봐도 그래요. 50대까지의 자살률은 일본이 오히려 높아요. 그런데 60세, 65세 이상부터 한국이 일본을 압도적으로 앞지릅니다. 결국 한국의 높은 자살률을 노인 세대가 주도하고 있다고 봐도 과언이 아니죠. 이걸 어떻게 해석할 수 있을까요?

노년기는 어떤 시기입니까? 가만히 있어도 곧 죽음을 맞이해야 하는 시기 아닌가요? 굳이 애써서 지금 죽을 이유가 별로 없지 않습니까. 오히려 젊은 세대는 너무 힘들면 그런 생각을 할 수 있어요. 내가 앞으로 40~50년을 더 살아야 하는데 이렇게는 힘들어서 못 견디겠다고 생각하고 자살을 선택하기 쉬울 수 있어요. 하지만 나이가 많은 사람들은 '어차피 다 살았는데 뭘 더 바라. 조금 있으면 죽을 텐데 기다리지.' 이렇게 생각하기 쉽습니다. 그런데도 굳이 자살을 선택한다는 것은 그 짧은 시간조차 견디기 힘들 정도로 상태가

한국의 높은 자살률을 노인 세대가
주도하고 있다고 봐도 과언이 아니죠.
이걸 어떻게 해석할 수 있을까요?
노년기는 어떤 시기입니까?
가만히 있어도 곧 죽음을
맞이해야 하는 시기 아닌가요?
그런데도 군이 자살을 선택한다는 것은
그 짧은 시간조차 견디기 힘들 정도로
상태가 안 좋다는 얘기죠.

안 좋다는 얘기죠. 정신적으로 매우 힘들다는 걸 보여주는 겁니다.

빈곤이 노인에게
미치는 영향

그렇다면 한국 노인들이 이렇게 자살을 많이 하고 불행해진 가장 큰 이유가 뭘까요? 가난해서요? 빈곤율이 영향을 많이 미치는 건 분명합니다. 한국 노인 세대의 빈곤율이 굉장히 높아요. 미국도 높다고 하는데 미국의 두 배는 되죠. 2010년 기준으로 한국 노인 빈곤율은 45.10%이고 미국은 23.72%입니다. 한국 노인 두 명 중에 한 명이 빈곤층이라는 얘기입니다. 스웨덴은 6.8%밖에 안 되는데 말이죠.

그러면 이 세대가 왜 이렇게 빈곤할까요? 젊었을 때 일을 열심히 안 해서 그럴까요? 그럴 리가 없죠. 누구보다 열심히 일한 세대 아닙니까. 돈을 다 누구한테 줬기 때문이에요? 자식한테 줬기 때문이죠. 한국 사람들은 돈 생기면 다 자식한테 퍼붓습니다. 사실 자식한테 돈 안 들어가면 먹고살 만하지 않아요? 제가 비정규직분들을 만나서 물어봤더니 자식에게 돈 안 들어가면 자기들도 충분히 살 수 있대요. 자식 교육 때문에 안 된다는 거예요. 그것도 적게 들어가는 게 아니라 많이 들어가죠.

다른 복지 국가들처럼 무상교육이 되는 것도 아닌데 사교육도 시켜야 되다 보니 어릴 때부터 돈이 많이 들어갑니다. 대학 등록금도 비싼데, 대학 가서도 사교육 받아야 돼요. 스펙이 없으면 취직이 안 돼서 대학생 한 명이 쓰는 사교육비가 월 140만 원 정도 된다고 합니다. 대학을 마치고 어렵사리 직장을 잡으면 돈 안 들어가요? 시집, 장가보낼 때 돈 보태주는 나라는 우리나라밖에 없잖아요. 집 값 보태야죠. 지금은 하나 더 늘어났대요. 손자들 학원비까지 보태야 제대로 된 부모라는 얘기를 듣는다고 해요.

이게 한국 사회의 문제입니다. 평생 번 돈이 자식들한테 거의 다 가고 노년에는 수중에 남은 게 없는 상황입니다. 돈 있는 사람들도 크게 다르지 않은 것 같습니다. 대기업 다니거나 고위공무원이었던 사람들도 퇴직금으로 자기의 노후, 부부의 노후를 꾸리는 건 문제가 없어요. 하지만 그 퇴직금으로 자식들 뒷바라지까지 하기엔 부족해요. 아까 얘기했듯이 결혼까지 시켜야 되는 사회니까 퇴직금 받은 것으로 노후를 즐기자는 생각을 못하고 불려야 한다고 생각합니다. 그래서 주식 투자나 장사 시작했다가 깡통 찰 가능성이 매우 높죠. 주식 투자해서 실패한 사람이 많고 성공한 자영업자의 비율은 16% 밖에 안 돼요. 퇴직금 한 방에 날리고 빚더미에 앉으니 바로 빈곤층으로 전락합니다. 노년기에 급격하게 빈곤층이 늘어난 이유가 바로 여기 있어요. 당연히 우울해지겠죠. 자살할 가능성도 높고요.

그런데 과연 빈곤이 노인 자살의 직접적인 이유일까요? 가난하기 때문에 노인이 불행하다는 것이 사실일까요? 그게 맞다면 한국보다 가난한 나라 노인들은 다 집단 자살을 했어야 해요. 그런데 자살률이 이렇게 높지 않거든요. 예를 들면 아프리카 노인들이 우리보다 훨씬 가난해요. 거긴 밥 굶는 게 다반사입니다. 그런데 아프리카 노인들은 안 죽어요. 살아남으려고 열심히 살고 있어요. 이건 뭘 의미해요? 가난 그 자체가 자살하게 만드는 건 아니라는 거죠. 그렇다면 가난이 우리 노인 세대에 어떤 심리적 충격과 상처를 주기에 노인들이 급격히 우울해지고 자살하는 것인지 한 번 생각해 볼 필요가 있어요.

빈곤이 노인 세대에게 심리적으로 어떤 영향을 미치는가. 첫 번째, 자존감을 상실하게 만들고, 두 번째, 심한 고립감을 느끼게 만들고, 세 번째, 허무함을 느끼게 만든다는 것이 제 분석 결과입니다.

첫 번째, 자존감 상실에 대해서 말씀을 드리면요. 우리 한국 사람들은 자기 자존감을 무엇으로 평가합니까? 돈으로 평가하죠. 돈 없는 사람은 자존감을 가질 수가 없는 사회예요. 노인들 역시 돈이 있을 때는 자존감을 유지할 수 있지만 돈을 잃는 순간 자존감도 같이 무너져 버려요. 빈곤해지면 자식들도 대우가 좀 달라지지 않아요?

제가 노인분들께 들은 얘기인데요. 대한민국 노인들은 이래저래 다 죽게 생겼다는 거예요. 무슨 말씀이시냐고 했더니 돈이 있으면 자식들이 그 돈을 내놓으라고 성화를 부려 죽게 생겼고, 돈이 없으면 돈 없다고 무시당해 죽게 생겼다, 그러니까 돈이 있든 없든 인생 말년에 행복할 수가 없다, 이런 얘기를 해요. 한국 사회가 사람의 가치를 자꾸 돈으로 평가하니까 부모님에 대해서도 그런 태도를 가지는 거죠. 돈 많은 부모 옆에는 항상 자식들이 붙어 있지 않아요? 돈 없는 부모 옆에는 아무도 없어요. 이게 지금 한국의 현실입니다.

두 번째, 이렇다보니 한국 사회에서 빈곤해진다는 것은 곧 고립으로 귀결됩니다. 내가 퇴직금 들고 있을 때만 해도 명절 때마다 찾아오던 자식들이 장사하다 이걸 날리니까 아무도 안 와요. 말년이 고독해집니다. 돈 없다고 사람들이 가까이 오지 않고 존중해주지 않을 때의 그 고립감은 심각하죠. 그 결과 찾아오는 것이 바로 허무감입니다.

지금 한국의 노인 세대는 뭘 위해서 산 세대입니까? 자식들의 행복과 내 집 마련을 위해 산 세대입니다. 결국 돈 벌려고 열심히 살아온 건데, 빈곤해지면 이 두 목표에 다 실패하게 되는 겁니다. 그러니 인생에 대한 허무감이 밀려옵니다. '내가 왜 살았을까? 이 나이에 이 꼴을 보려고 살았을까? 내가 잘 살았는가?' 하는 고민을 하게 된다는 거죠. 아프리카라면 오히려 문제가 안 될 수 있어요. 다 같이 배고프니까. 배고픈 노인이라고 해서 특별히 자존감이 떨어질 일도, 가족들 사이에서 고립될 일도, 허무감을 느낄 일도 없을 텐데, 오히려 아프리카가 아니기 때문에 빈곤이 노인들에게 주는 충격이나 상처가 매우 큰 겁니다. 그래서 빈곤을 그냥 지나갈 수 있는 시련 정도로 받아들이지 못하고 자살을 생각하게 되는 거죠.

노년기의 발달 과제,
자기평가

여기서 노년기를 맞은 인간이 가지는 심리적 특성을 한 번 살펴볼 필요가 있습니다. 자기 인생이 실패한 것 같은 느낌, 인생이 주는 허무감에 대해 말씀을 드렸는데, 노인에게는 이게 정말 중요한 문제입니다.

심리학, 발달심리학에서는 사람이 발달 단계마다 달성해야 하는 과제가 있다고 이야기합니다. 그렇겠죠? 애들은 애들대로, 젊은이들은 젊은이들대로 그 시기에 달성해야 하는 과제가 있습니다. 노년기도 마찬가지인데요.

드디어 내 인생에서 살아온 날보다 살아갈 날이 적어진 시기가 딱 노년기입니다. 내가 살아왔던 시기보다 살아갈 시기가 적다는 걸 피부로 느끼는 건 보통 60대부터입니다. 몸의 변화도 확연하게 드러나지 않습니까? 노화와 질병을 겪으면서 '이제 죽음이 부쩍 내 앞에 가까이 와 있다'는 느낌을 받게 되죠. 이때 사람은 자기 삶을 회고하게 됩니다. 앞으로 살아갈 시간이 많지 않기 때문에 미래에 대한 생각은 적게 하고 살아온 날들에 대한 생각을 많이 해요. 자기 삶을 회고하면서 내 삶이 가치가 있었는지 평가하려고 하죠.

이는 우리가 인간이기 때문에 피할 수 없는 과제입니다. 짐승에게는 이런 과제가 주어지지 않아요. 개 키워보시면 아시겠지만, 개가 늙었을 때 이런 고민을 하던가요? 안 하잖아요. 개는 그냥 죽을 때 되면 죽는다고 생각해요. 순리를 받아들이죠. 그런데 사람은 그렇지 않습니다. 사람은 동물과 달라서 의식주 해결하고 산다고 만족하는 존재가 아니에요. 즉, 자기 삶이 의미 있기를 바라요. 자기 삶이 가치 있기를 바랍니다. 그걸 바라는 유일한 존재가 바로 인간이죠. 그래서 우리 조상들이 이런 얘길 하셨죠. '호랑이는 죽어서 가죽을 남기고 사람은 죽어서 이름을 남긴다.' 호랑이는 죽어서 가죽을 남겨 좋은 일을 하고 사람은 이름을 남기라는 건데 이게 유명해지라는 게 아니고 다른 사람들한테 기억될 수 있는 사람이 되라는 뜻이죠. 세상에 쓸모 있는 일 좀 하고 죽어서 다른 사람들 마음속에 좋은 느낌으로 살아 있는 사람이 되라는 얘기죠. 그래서 유행가 가사도 있잖아요. '내가 죽으면 누가 내 무덤 앞에서 울어줄까.'

사람은 자기 삶이 가치 있기를 바라기 때문에 결국 삶을 회고하게 되어 있습니다. 이게 노년기의 중요한 심리적 특징이에요. 삶을 돌아보며 판단하겠죠. 결국 두 가지로 판단됩니다. 내 인생을 긍정적으로 평가하거나 부정적으로 평가하겠지요. '내가 잘 살아왔다. 최선을 다해서 잘 살아왔다'라고 평가하면 삶을 만족스럽고 보람 있게 느끼면서 자기를 다시 한 번 수용합니다. 지금까지 자기를 수용한 것처럼 다시 '너 괜찮은 사람이었어. 잘 살았어' 하고 격려하면서 자아에 통합된다는 뜻이에요. 이런 노년기를 맞으면 원숙한 심리 상태가 되어 초연히 죽음을 맞이할 수 있게 된다고 심리학에서 얘기합니다.

이렇게 자기통합에 성공하면, 노인들의 관심은 후세로 갑니다. 이미 자기 인생 평가는 끝났고 이제는 내가 죽은 뒤 후세가 잘 살 수 있느냐에 관심이 가는 거예요. 그래서 돈 있는 사람들은 기부도 하고 또 그 나이에 훈장이 돼서 애들을 가르치고 후세에 기여하다 죽으려고 한다는 거죠. 이런 노인들은 말년에 치매에도 걸리지 않고 비교적 건강하고 행복하게 삽니다. 그리고 죽음도 별로 무서워하지 않습니다.

심리학자들이 오랜 세월에 걸쳐 연구해서 밝혀낸 바에 의하면 사람이 정말로 무서워하는 것은 죽음이 아니라고 해요. 한 철학자가 이런 얘기를 했죠. '우리는 죽음이라는 걸 절대로 알 수 없다.' 왜 그렇죠? 살아 있으니까요. 살아 있을 때 우린 죽음을 만날 수 없어요. 그러면 죽으면 죽음을 만나요? 그때도 못 만나요. 죽으면 의식이 없잖아요. 그래서 우리는 절대 죽음을 알 수 없습니다. 체험할 수 없다는 거죠. 그러니까 죽음을 무서워할 이유가 없죠.

젊은 사람들은 자살을 무서워하는 게 아니고 자살할 때 아플까 봐 무서워하더라고요. 저한테 상담 온 젊은 친구들 얘기를 들어보면 거의 다 그래요. 안 아프게 죽을 수 있었으면 죽었을 것이다, 목을 매려고 하니 목이 아플 거 같고 물에 빠져 죽으려고 하니 가슴이 답답할 거 같아서 못 죽겠더라. 결국 젊은 친구들도 무서워하는 건 죽음 그 자체가 아니고 죽을 때의 고통인데요.

그럼 우리가 진짜 무서워하는 게 뭘까요? 바로 이별이죠. 사랑하는 사람들과의 이별이 무서운 거죠. 인생을 잘 살지 못한 사람일수록 더 무서워해요. 잘 산 사람은 오히려 이별할 힘이 있어요. 심리학에서는 엄마가 아이를 잘 키웠느냐 못 키웠느냐를 판가름하는 척도로 '이별할 수 있는 힘'에 대해 얘기합니다. 엄마가 아이를 건강하게 사랑했다면 아이가 떠나간 것을 이겨낼 수 있어요. 그렇지 못한 엄마는 어때요? 붙잡아서 결혼 못하게 하죠. 자기가 데리고 살아요. 아니면 옆집에 살게 해서 매일 감시해요. 이별을 못하는 거예요. 왜 이별을 못하느냐, 건강하게 사랑하지 못했기 때문이에요. 이별을 못한다는 것은 회한이 있다는 거죠. 내가 잘못 살았다는 평가를 할수록 삶과 이별하지 못하고 죽음을 무서워하게 됩니다.

이렇게 자기 인생을 부정적으로 평가하게 되면 안타까움과 허무함에 휩싸입니다. 적어도 중년기까지는 되돌릴 기회가 있어요. 직업을 바꾸든, 삶의 태도를 바꾸든, 하다못해 춤이라도 배우러 다니든 뭔가 시도를 해봐요. 아직까지는 그럴 기회가 있다고 보는 거죠. 그런데 60세가 넘어가면서 잘못된 삶을 살았다, 내 인생에 큰 가치가 없다고 느끼게 되면 다시 시작할 에너지가 없습니다. 시간도 많지 않아요. 이제는 못 바꾼다고 생각합니다. 그러다보니 자기를 거부하게 됩니다. 현실을 거부하는 거예요.

갑자기 가까운 사람이 죽었다는 얘기를 들으면 처음에는 안 믿잖아요? 못 믿어요. 거부하죠. 고통스럽기 때문에. 암 선고를 들으면 처음엔 안 믿는다잖아요. 비슷합니다. 마찬가지로 노년기에 자기가 잘못 살았다는 사실을 깨달아도 인정하기 힘듭니다. 고통이 너무 크기 때문에 대체로 거부해 버려요. 죽음도 무서워하게 되죠. 잘못 살았기 때문에 죽으면 허무하잖아요. 이순신 장군 같은 분들은 죽을 때 별로 허무하지 않았을 거 같아요. 얼마나 열심히 살았습니까, 나라를 위해서. 매일 일본 놈 피해서 도망 다니고 나쁜 짓만 하다가 죽음을 맞이한 사람이라면 인생이 허망해서 죽지 않으려고 기를 쓰겠죠. 죽음을 상상하는 것이 자기 인생의 허무함을 자각하게 해주기 때문에 고민을 많이 하게 됩니다. '어떻게 하면 내가 이 잘못된 삶을 되돌릴 수 있을까? 아니야, 되돌릴 수 없어.' 이렇게 갈등을 하다가 결국 안 된다는 걸 깨닫게 되고 심한 우울증이나 치매에 걸릴 수 있습니다. 자기 인생을 긍정적으로 평가하는지 혹은 부정적으로 평가하는지가 노년기의 심리 상태에 막대한 영향을 미친다는 걸 기억해주세요.

한국 노인 세대의 삶과 심리

그렇다면 한국 노인들은 어떨까요? 만약 한국 노인들이 자기 인생을 긍정적으로 평가할 수 있다면 지금 상황은 이해하기 어렵겠죠? 이렇게 우울증이 심하고 자살을 많이 하는 건 결국 한국 노인들이 자기 인생을 긍정적으로 평가하지 못하고 있다고 봐야 할 겁니다.

한국 노인 세대의 삶 자체가 어떻게 보면 자기 인생을 긍정적으로 회고하기 어려운 삶이었다고 볼 수 있어요. 첫 번째, 반복적으로 패배해온 삶을 살아왔습니다. 좀 과격하게 표현했습니다만, 한국의 노인 세대는 그간 권위주의 정권 하에서 어린 시절과 젊은 시절을 다 보낸 세대입니다. 노인기까지도요. 자유와 권리를 누린 세대라기보다는 인내하고 머리를 숙이며 산 세대입니다. 이게 한국 노인 세대의 심리에 미친 영향이 큽니다. 직접적으로든 간접적으로든 패배를 오랜 세월 동안 경험해온 거예요. 어떻게 보면 세상을 바꾸는 데 성공하지 못한 거죠.

이러한 경험이 주는 심리적 결과는 무력감입니다. 특히 노년에 다다르면 부쩍 무력감에 빠져요. '내가 살아온 삶에 대해 대접도 못 받고 이제 힘도 없는데 뭘 어떻게 할 수 있을까.' 이런 생각이 들면 무력감과 패배주의가 굉장히 심해집니다.

같은 맥락에서 우리 노인 세대는 지배집단에 대체로 순종하는 삶을 살아왔습니다. 이 세대가 인간성이 나쁘거나 비겁해서 그런 게 아니고 그만큼 당시 폭압이 심했어요. 독재 정권의 폭압이 너무 강력했죠. 그러니까 저항하기보다는 순종하는 쪽이었습니다. 한편으로 속은 부분도 있죠. 경제 발전만 되면 행복해진다는 말에 속지 않았습니까? 경제 발전 이뤘는데 여전히 행복하지 않아서 속은 느낌이 들지만 옛날엔 믿었잖아요. 그래서 허리띠 졸라매고 열심히 일했던 거 아니에요. 순종하면서 지배집단이 얘기하는 걸 믿고 그걸 숙명처럼 받아들이고 살았는데 그 과정에서 지배집단의 보수적인 반공 이데올로기를 자기도 모르게 내면화하게 되었습니다. 빨갱이가 나라를 망친 거다, 김대중은 빨갱이다, 이런 말을 자기도 모르게 믿고 살았죠.

이런 삶은 사람을 조금씩 비겁하게 만듭니다. 그리고 복종심을 키워요. 나이가 들면서 점점 강한 인물이 되기보다는 반대가 됩니다. 김구 선생님이 나이 먹었다고 독립심이 줄어든 건 아니었잖아요. 그분은 순종하는 삶을 살지 않았기 때문에 나이가 들어 몸이 약해져도 용기가 줄어들지 않았죠. 하지만 계속 일본에 머리를 조아리고 살았던 사람들은 노인이 되면 어떻겠습니까? 더 비겁하고 순종적인 인간이 되겠죠.

마지막으로 한국 노인 세대는 개인주의적 삶을 추구하며 살아왔습니다. 정부와 사회로부터 개인주의적 삶을 권장 받지 않았습니까? 정부에서 다 같이 행복한 사회, 좋은 사회, 복지 사회로 가자는 얘기 안 했잖아요. 경쟁에 이겨서 다 출세하라고 얘기했죠. '당신 혼자 잘 먹고 잘 살면 된다'는 걸 자꾸 장려하는 사회였죠? 그래서 원래 한국 사람들은 그렇지 않았는데 시간이 흐르고 점점 경쟁이 치열해지면서 변해갔어요. '내 새끼만 잘되면 돼. 나만 잘되면 돼.' 인생의 목표가 내 집 마련이나 자식의 출세로 좁혀진 거죠. 세상이 더 좋아졌으면 좋겠고 다들 행복해졌으면 좋겠다는 게 아니라 나만 살아남으면 되는 개인주의적 삶 쪽으로 끌려왔습니다.

그런데 아까 말씀드렸듯이 이러한 목표는 실패했습니다. 노인 세대의 50%가 빈곤해요. 나머지 50%도 다 잘 산다는 뜻은 아니죠. 노인 세대가 꿈꿔왔던 개인주의적 삶도 결국에는 실패로 끝난 겁니다. 독재 정권에 저항하지 않고 불의를 봐도 웬만하면 참으면서 자식 잘 키우고 내 집 마련하고 싶었는데 안 되었어요. 여기서 오는 허무감이나 무가치감이 상당히 큽니다.

정리를 해보면 한국 노인 세대는 그 삶 속에서 무력감과 패배주의, 비겁함과 복종심, 허무함과 무가치함을 느낄 수밖에 없게 되었습니다. 여기에서 이 세대의 기본 심리를 유추할 수 있는데요.

먼저 무력감과 패배주의에 휩싸이면 권위주의적 성격을 갖게 됩

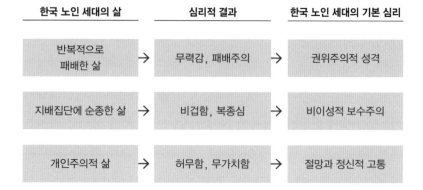

한국 노인 세대의 삶		심리적 결과		한국 노인 세대의 기본 심리
반복적으로 패배한 삶	→	무력감, 패배주의	→	권위주의적 성격
지배집단에 순종한 삶	→	비겁함, 복종심	→	비이성적 보수주의
개인주의적 삶	→	허무함, 무가치함	→	절망과 정신적 고통

니다. 무력감이 너무 심하면 무엇을 갈망하게 될까요? 힘을 갈망하겠죠. 내가 목이 마르면 물을 찾잖아요. 나한테 힘이 없으면 힘을 갈망하게 되어 있습니다. 힘을 갈망하는 사람은 어떤 태도를 보이느냐. 강한 힘이 내 앞에 있으면 비굴해지고 저항 못합니다. 심지어 찬양까지 해요. 그 힘을 찬양하고 나와 동일시하면 내가 힘을 가진 것 같은 환상을 가질 수 있잖아요. 반대로 나보다 힘이 약한 사람이 나타나면 밟습니다. 나도 힘이 있다는 것을 과시하고 싶은 충동을 느낍니다. 자기부정을 하고 싶은 거죠. 그래서 약한 사람이 나타나면 아주 잔인하게 괴롭힙니다. 왜? 타인을 학대하는 것만큼 강한 힘은 없죠. 사람이 가진 힘 중에 가장 강한 힘은 타인을 학대할 수 있는 힘이에요. 그래서 인간은 무력해지면 학대증에 걸려요. 한국 사회는 무력감 때문에 이렇게 권위주의적 성격을 가진 사람이 많이 늘어나고 있습니다.

한국 사회에서 권위주의적으로 늙어가는 사람들은 지배층, 힘 있는 사람들에 대해서는 굉장히 비굴한 반면 가족에게는 권위주의적 태도를 보입니다. 한마디로 꼰대 스타일이 되는 거예요. 지난 18대 대선 때 들은 이야기인데요. 자식들이 진심을 다해서 부모님을 설득 해보려 했는데 안 들으시더라는 거예요. 사회적으로 이미 비굴해져 있고 기득권층과 자기를 동일시하며 숭배하게 된 데다가 자식이 대화를 시도해서 바꾸려 하니 소통하려고 하는 게 아니라 찍어 누르는 거예요. 우리 부모님이 이렇게 말이 안 통하는 줄 처음 알았다고 얘기하더라고요.

두 번째, 순종적 삶에서 온 비겁함이나 복종심은 '비이성적'인 보수주의적 성향을 갖게 만듭니다. 비겁한 사람들은 불의에 저항하는 모습에 어떤 태도를 취할까요? "나는 비겁하지만 너희는 싸워라, 뒤에서 박수쳐줄게." 이러지 않습니다. 싸잡아서 같이 욕해요. 왜? 자기의 비겁함을 직면해야 하기 때문입니다. 그건 정말 괴로운 일이거든요. 매일 밤늦게까지 술만 먹는 사람은 누가 와서 술 끊고 싶다고 하면 화내요. "그 좋은 걸 왜 끊나. 남자가 술 좀 먹어야지." 좋은 충고가 나올 수 없어요. 그런 얘기를 하려면 자기를 들여다보게 되고, 들여다보면 자기가 얼마나 한심해 보여요? 자기가 못하는 건 남도 못하게 하는 게 인간 심리입니다. 내가 비겁하면 저항하는 것 자체가 무섭고 저항하는 사람을 보는 것도 무서워요. 그래서 뜯어 말리죠. 심지어 화를 내고요.

우리 어른들이 불의에 저항하는 젊은 사람들을 보면 분노하는 이유가 여기에 있습니다. 사실 그렇게까지 할 필요 없잖아요? "너희는 그래라. 우리는 못한다." 하면 될 걸 화를 내요. 왜? 자기의 비겁함을 자꾸 자극하니까 싫고, 저렇게 저항하는 것 자체가 내게 피해를 줄까봐 싫죠. 이런 심리가 없다면 젊은 사람들이 지적하고 비판해도 노인들이 그렇게 화를 낼 이유가 없어요. 그냥 듣고 서로 의견을 교환하면 되잖아요. 그런데 보통 우리 어른들은 합리적인 토론을 하지 못하고 화를 내요. 비이성적으로 보수적인 경향을 띠죠.

마지막으로 허무감과 무가치감은 절망과 정신적 고통을 가져옵니다. 이럴 때 사람은 당연히 자기합리화 충동에 휩싸이게 돼요. 사람이 고통스러우면 그 고통에 관심을 쏟게 되잖아요. 그리고 고통이 클수록 합리화하고 싶은 열망이 생겨요. 다시 말하면 '나 잘못 살아왔어'라는 걸 인정하는 게 쉬운 일이 아니라는 얘깁니다. 쉬운 일 아니지 않아요? 20대에도, 중년에도 어려운데 노인이 돼서는 얼마나 더 어렵겠습니까?

또 절망과 정신적 고통이 심해지면 미래 세대에 무관심해집니다. 내가 지금 너무 괴로워요, 그러면 관심이 고통에 집중된다고 했죠. 이런 사람이 미래 세대에 관심을 가질 수 있을까요? 없죠. 불가능합니다. 사람이 아프면 다른 사람한테 신경 쓰기가 힘들어요. 몸이 아프든 마음이 아프든 똑같아요. 배가 너무 아프면 어때요? 주변 풍경이 잘 안 보여요. 그래서 나온 말이 '금강산도 식후경'이죠. 너무 배고프면 금강산도 눈에 안 들어와요.

내가 너무 마음이 아프면 어때요? 다른 사람한테 신경 쓸 수가 없죠. 우리 한국 사람들이 점점 이기적으로 변하고 있다는 건 다들 마음이 아프다는 얘기예요. 내가 마음이 덜 아프면 그렇게까지 이기적일 수 없어요. 내가 너무 아프니까 다른 사람이 안 보여요. 어떻게 보면 지금 노인 세대의 상황일 수도 있어요. 너무 상태가 안 좋아요. 세계 1위의 자살률을 기록하고 있잖아요. 그러니까 자기밖에 안 보이는 거예요. 기존 가치를 그냥 붙들고 있을 뿐 미래 세대 걱정은 할 수가 없죠. 지금 애들이 힘들다고 해도 "지금 그게 중요한 게 아니야. 내가 죽게 생겼어." 이렇게 되는 겁니다.

지금의 노인 세대는 나쁜 분들이 아니라 아픈 분들입니다. 그러니까 젊은 세대, 청년 세대의 고통을 들여다보면서 도와주려 하는 건강한 어른의 모습을 갖기 힘든 상황에 있는 겁니다.

돈은
행복이 아니었다

결국 노인 세대의 이러한 심리가 한국 사회에 팽배해지다 보니까 꼰대라는 말을 듣게 된 것 같습니다. 우리 한국의 노인 세대가 더 이상 꼰대라는 얘기를 듣지 않고 행복해지려면 어떻게 해야 할까요.

일단 우리가 살아온 삶에서 교훈을 찾을 필요가 있다고 생각합니다. 첫 번째로 생각해 봐야 할 것이 돈과 행복과의 관계입니다. 한국 사람들의 부동의 신념 중 하나는 '돈이 곧 행복'이라는 거예요. 그렇죠? '나는 그렇지 않다'고 얘기하실 분이 몇이나 되겠습니까.

한국의 부모들이 왜 애들 어릴 때 자유를 허락하지 않죠? 나중에 돈 못 벌까봐 그러는 거 아니에요? 어릴 때 애들은 언제 제일 행복해요? 놀 때 행복하죠. 원래 부모는 언제 행복해요? 애들이 행복할 때 행복해요. 그럼 애들이 공부 안 하고 놀면 부모는 어때야 돼요? 원래 행복해야 되죠? 그런데 우리 한국 사람들은 애들이 계속 놀면 불안하고 화가 나요. 우리가 지금 이상심리를 갖고 있다는 거예요. 애들과 우리가 원수지간도 아닌데 애들이 행복하면 우린 불안해져요. 애들이 우울한 표정으로 학원에 가면 우린 기뻐하잖아요. 왜죠? 나중에 돈 못 벌까봐.

그럼 돈 못 벌면 뭐가 문제죠? 불행해진다고 생각하는 거죠. 그래서 애들을 어릴 때 불행 속에 밀어 넣고 자유를 박탈하고 있는 거예요. 저는 결국 우리 한국인의 '돈이 곧 행복'이라는 무의식적 신념이 만악의 근원이라고 생각해요.

물론 돈이 곧 행복이라는 말이 한국 사회에서 일견 타당한 면이 있습니다만 진실은 아닙니다. 한국 사회에서 돈이 없으면 반드시 불행해진다기보다는, 돈이 없으면 무시당한다는 게 더 정확한 표현입니다. 누가 무시당하고 싶겠습니까? 한국 사람들은 돈 없으면 무시당하는 게 당연하다고 생각해요. 그런데 무시당하는 건 너무 싫어요. 내가 이렇게 싫은데 내 자식이 커서 무시당하는 건 더 싫죠. 그래서 차라리 어릴 때 고생하라는 거예요. '너 어릴 때 불행하게 살아야 돼. 그래야 커서 무시당하지 않아.' 지금 이 고통스러운 선택을 부모들이 하고 있는 거 아니에요?

이렇게 보면 돈이 곧 행복이라는 이 확고부동한 신념이 참 무섭다는 거죠. 노년기에 불행해지는 큰 이유 중 하나가 바로 이겁니다. 돈이 없으면 무시를 당한다. 그 이유가 뭡니까, 도대체. 한국 사람들이 유난히 인간성이 바닥을 치는 존재라서 그렇습니까?

흥미로운 것은 말이죠. 얼마 전에 시작한 〈응답하라 1988〉이란 드라마가 있는데 혹시 보신 분 있으십니까? 저도 우연히 봤는데요. 옛날 얘기죠. 그 드라마 보면 여러 집이 같이 모여 살잖아요. 친한 이웃집들 중에 부잣집도 있지 않아요? 가난한 집도 있고, 아빠 없는 집, 엄마 없는 집도 있어요. 그런데 무시하던가요? 부잣집에서 이웃을 가난하다고 무시하지 않죠. 그게 그 당시의 풍경이었어요. 그런데 우리 한국이 1988년 이후 달라졌어요. 〈응답하라 1994〉 정도만 가도 변해요. 지금은 한 마을에 부잣집과 가난한 사람들이 같이 안 살아요. 같이 살면 서로 불편해 하죠. 돈 없으면 무시하는 사회가 됐기 때문이에요.

자, 1988년에는 안 그랬는데 지금은 이렇게 됐다면 이게 우리 인간성의 문제인가요? 다른 문제가 있다고 봐야겠죠. 돈이 없어도 사람을 무시하지 않는 나라들이 있습니다. 바로 복지 국가들이죠. 그런 나라에서는 돈이 없다고 사람을 무시하는 경향이 없어요. 2015년인데도 우리나라의 1988이랑 똑같아요. 그 나라들의 특징은 뭐냐. 덴마크 같은 나라는 택시 운전을 하든 의사를 하든 월급이 비슷합니다. 그러면 사람을 직업에 따라 무시하는 경향이 없죠. 어떤 직업을 가져도 사람들이 존중받을 수 있는 사회입니다. 그러면 돈이 곧 행복이라고 생각할까요? 아무도 그렇게 얘기하지 않는답니다. 이게 한국과의 차이점이에요. 한국 사회가 돈 없는 이웃을 무시하기 시작한 것은 소득 격차가 급격히 벌어졌던 1990년대부터 시작된 일입니다. 그래서 지금 이렇게 된 거예요. 이런 상황이 된 것이 우리 인간성의 문제는 아니지 않습니까? 사회 제도의 문제죠.

그렇다면 노인들이 돈이 없는 걸 자기평가의 기준으로 삼는 건 옳지 않죠. 노인이 되어 돈이 없으면 좀 어떻습니까. 나이 먹어서 재산 못 모은 사람이 한둘이에요? 황희 정승이 나이 들어 돈 있었어요? 가난해서 존경받은 분이죠. 옛날에는 돈 없어도 존경받을 수 있었잖아요.

그런데 이건 타인의 문제이기 전에 자기의 문제일 수 있어요. 우리는 돈이 없어지면 자기가 먼저 자기를 존경하지 않아요. 이게 문제입니다. 저는 노인들이 이제 생각을 바꿔야 될 때가 왔다고 봅니다. 언제까지 자기를 학대하며 살아야 하나요.

아버지들이 "나처럼 살지 마라."라는 말을 많이 하셨죠. 이 말엔 너무 심한 자기혐오가 들어 있습니다. 왜 이렇게 자기를 부정하고 혐오하는 걸까요? 도둑질하면서 살았기 때문에? 성실하게 일을 안 해서? 아닙니다. 그런 얘기하는 아버지들의 삶을 보면 성실한 분들이에요. 이유는 하나밖에 없지 않아요? 돈이 없다는 거죠. 아무리 잘 살아도 돈이 없으면 나를 부정하고 혐오해야 마땅하다는 심리를 가지고 있는 겁니다. 이건 끔찍한 자기비하이고 자기부정이에요. 물론 사회가 그렇게 만들어온 측면이 분명히 있습니다만 가능하면 여기서 벗어나기 위해 노력해야 합니다. 그걸로 자기평가를 할 필요는 없어요.

우리는 이제 자기긍정에 들어가야 합니다. 자식들한테도 자기긍정하는 아버지가 훨씬 좋습니다. 옛날 박카스 광고 기억나시는가 모르겠네요. 아버지가 청소부인데 리어카를 끌고 올라가요. 아들이 학원 가려고 새벽에 나왔다가 그걸 보고 밀어주잖아요. "아버지." 하면서 밀어주니까 "아, 학원이나 가지." 그러니까 "힘내세요." 하면서 박카스 주잖아요. 그 아이가 아버지를 전혀 부끄러워하지 않는다는 거죠. 그러니까 달려가서 밀어드렸겠죠. 이건 곧 그 아버지가 스스로 청소부인 사실을 부끄러워하지 않는다는 얘깁니다. 아버지가 자기부정을 하지 않으면 아들이 아버지를 부끄러워할 이유가 없어요. 자식들이 부끄러워하는 것은 가난이 아니고 가난을 부끄러워하는 아버지입니다. 또는 가난 앞에 비굴한 아버지예요. 그래서 가난한 집에서도 인물이 나오는 거예요. 가난하지만 아버지가 당당할 때.

그래서 저는 노년기에 자기평가의 기준을 바꿔야 한다고 생각합니다. 잘 살았으면 됐다는 겁니다. 한국 같이 혼탁한 나라에서 나쁜 짓 하지 않고 성실하게 살았으면 잘 산 거예요. 왜 돈 없다고 자기를 부정합니까? 돈 많지만 자기보다 훨씬 더럽게 산 인간들도 많은데. 돈은 행복이 아니고 나를 평가하는 기준이 아닙니다. 더 이상 이 사회가 강요하는 기준, 돈이 곧 행복이라는 미신을 믿지 말고 자기를 긍정할 때가 왔습니다.

노년기에 자기평가의 기준을
바꿔야 한다고 생각합니다.
잘 살았으면 됐다는 겁니다.
한국 같이 혼탁한 나라에서 나쁜 짓 하지 않고
성실하게 살았으면 잘 산 거예요.
왜 돈 없다고 자기를 부정합니까?
돈 많지만 자기보다 훨씬 더럽게 산 인간들도 많은데.
돈은 행복이 아니고 나를 평가하는
기준이 아닙니다.

행복하기 위해
저항하라

두 번째, 지금의 노인 세대는 암묵적으로 무저항이 행복, 즉 저항하지 않고 말 잘 듣는 게 행복이라고 생각해요. 학교에서 깡패가 막 설치는데, 그 깡패가 설치는 걸 막으려고 나섰다가 맞으면 손해라고 생각하는 거죠. 그래서 피하고 고분고분하게 삥 뜯기면 행복하다고 보는 거죠. 이건 상당히 위험한 시각입니다. 현실에서는 간혹 그런 선택을 해야 할 때가 있을지 몰라도 과연 깡패한테 삥 뜯기고 머리 조아리면서 사는 게 행복할까요?

인간은 남의 노예로 살 수 있는 존재가 아닙니다. 인간은 주인이 돼서 자유를 누릴 때 행복할 수 있지 남의 눈치 보고 굽실거리면서 행복할 수 있는 존재가 아니에요. 즉 무저항이 인간을 행복하게 할 가능성은 하나도 없습니다. 어떠한 심리학 연구에서도 마찬가지예요.

오히려 무저항, 순종은 정신 건강의 악화로 귀결됩니다. 심리학자들이 다 동의하는 내용 중 하나는 '정신 장애가 병적인 환경 혹은 불우한 환경에 적응한 결과'라는 주장이에요. 집에 들어오면 매일 부모가 싸움을 한다든가 아버지가 술 먹고 와서 때린다든가 하는 경우는 병적인 환경입니다. 원래는 적응하면 안 돼요. 그런데 애들은 힘이 없죠. 살아남기 위해서 적응합니다. 그 결과가 정신병이라는 거예요. 마음의 상처도 마찬가지예요. 다 좋지 않은 환경에 적응할 때 생겨요. 좋지 않은 환경을 바꿀 때 생기는 게 아니라는 얘깁니다. 좋지 않은 환경을 바꾸면 정신이 건강해지게 되어 있어요. 어릴 때는 그 힘이 없기 때문에 상처가 생기게 되는 겁니다. 이렇게 바라본다면 저항의 삶이 정신 건강에 좋다는 걸 알 수 있죠.

부모들은 걱정이 돼서 그럴 수 있어요. 괜히 나섰다가 깡패한테 맞으면 우리 애가 얼마나 아플까? 하지만 차라리 맞는 게 인간으로서 더 행복해지는 일이라는 걸 이해하셔야 합니다. 이런 얘기를 하면 어머님들이 걱정 어린 표정으로 "일진한테 덤비란 뜻이냐?" 하실 수 있는데, 현실에 적용할 때는 좀 융통성을 발휘하시되 기본적인 삶의 태도가 그래야 한다는 얘기입니다. 불의에 눈 감고 만사 참는 게 좋은 게 아니라는 거예요. 그게 우리한테 얼마나 상처가 되고 정신 건강에 나쁜지 알아야 된다는 거죠.

그래서 젊은 세대가 용감하게 불의에 맞서고 나쁜 것을 고치려 노력하는 것에 대해 노인들이 생각을 바꿔야 합니다. '저렇게 되면 피해를 입을 텐데'라고 걱정하시기 전에 저렇게 살아야 행복하다고 생각해야 한다는 거죠. 그렇게 안 할 때 인간이 얼마나 구차해질 수 있는지, 삶이 얼마나 비루해질 수 있는지 이해하신다면 이제는 말리지 말고 격려해줄 필요가 있는 게 아니냐, 그리고 우리 스스로도 더 이상의 순종적 삶은 그만두는 것이 옳죠. 남은 시기라도 말예요. 이유 없이 순종하는 건 하나도 행복하지 않아요. 그게 행복해지는 일이라면 지금 행복지수가 높아야 되는데 오히려 불행지수가 높지 않습니까?

반드시
더불어 살 것

마지막으로 개인주의적 삶이 행복을 줄 수 있는가에 대해서도 함께 의심해 봅시다. 여태까지 우리 한국 사회는 이렇게 강요해 왔잖아요. '더불어 같이 사는 사회를 꿈꾸지 말고 혼자 잘 먹고 잘 사는 사람이 돼라.' 그 결과 모두 자기만 생각하고 타인은 신경 쓰지 않고 어떻게든 이기려고 하는 사회가 됐어요. 그게 이 세상을 어떻게 만들었습니까?

아까 〈응답하라 1988〉 얘기를 했는데요, 제가 중학교 다닐 때만 해도 도시락 싸와서 같이 모여 앉아서 먹었어요. 그 당시엔 도시락 반찬이 많이 달랐어요. 어떤 애들은 꿈의 '계란 프라이'를 얹어 와요. 당시 부의 상징 아니에요? 소시지 싸오는 애들도 있어요. 불고기 싸오는 애들도 있고. 또 어떤 친구는 꽁보리밥에 고추장만 싸오는 애도 있어요. 그런데 그 아이를 안 껴줬나요? 아니죠. 상관없었어요. 같이 둘러앉아 반찬 가운데 몰아넣고 같이 먹었어요. 그 장면이 그 드라마에 나오더라고요. '아, 그 시절엔 그랬지' 하고 생각했는데요. 지금 중학교는 어때요? 어떤 아이가 꽁보리밥에 고추장만 싸오면 바로 무시당합니다. "거지 새끼다, 저거." 왕따 시키죠, 아이들이. 어느 중학교가 우리를 더 행복하게 해줄 수 있을까요?

우리가 어떤 세상에 살아야 행복해지는가? 같이 더불어 사는 세상에 살아야 행복해지는 건 분명합니다. 옛날 중학교가 훨씬 행복하다는 얘기예요. 왜? 꽁보리밥에 고추장만 싸가도 친구들이 무시하지 않으니까. 즐겁게 밥을 나눠 먹을 수 있으니까. 학교 갈 만하지 않아요? 개인주의적 삶과 행복이 연결되지 않는다는 걸 알 수 있죠? 어쩔 수 없어요. 우리는 남과 같이 더불어 손을 잡고 서로 사랑하면서 살 때 행복해질 수 있는 존재죠. 그런데 지금까지 지배세력은 우리에게 너 혼자 잘 먹고 잘 살라고 얘기해 왔어요. 그래서 우리는 내 집 마련의 꿈만 키워 왔고 자식들한테 친구 돌아보지 말고 일단 네 몸이나 챙기라고 얘기해 왔는데 이게 우리를 불행의 늪으로 떠민 거예요.

이제는 충고의 방향을 바꿔야 하지 않겠습니까? 너 혼자 잘 먹고 잘 살면 된다는 말은 친구 없이 살라는 말과 똑같아요. 이기적인 사람은 친구 없잖아요. 다시 말하면 불행하게 살라는 얘기랑 똑같은 거죠. 노인 세대가 주변을 보지 않고 나, 우리 가족만 챙기고 살아왔더니 나이 들고 고독해지고 고립됐죠. 친구도 별로 없잖아요. 한국 남자들의 특징이 뭐예요? 친구가 없다는 거 아니에요? 왜 친구가 없어요? 경쟁하느라. 이 삶의 방식 자체가 완전히 잘못된 겁니다.

자기치유를 통해
'꽃대'로

저는 한국의 노인 세대가 악하다고 얘기하고 있는 게 아닙니다. 강의를 들으신 분들은 다 이해하셨겠지만 한국의 노인 세대는 '아파'요. 굳이 정의하자면 악한 게 아니라 아파요. 상처가 너무 심해요. 오죽하면 자살률이 이렇게까지 높겠습니까? 아까도 말씀드렸지만 자기가 너무 아프면 다른 사람을 돌아볼 수가 없어요. 상처가 너무 심한 노인 세대는 다른 세대, 다른 사람들을 돌아볼 수 없어요.

따라서 치유 없이 아름다운 '꽃대'가 될 수는 없습니다. 자기 치유가 어느 정도 돼야 비로소 다른 사람이 눈에 들어오고 다른 세대가 눈에 들어오기 시작합니다. 저는 이 치유의 과정을 반드시 겪어야 한다고 봅니다. 그리고 치유할 때 제일 중요한 것은 자기에 대한 재평가를 올바른 기준에 따라 수행하는 것이라고 생각합니다. 자기에 대한 재평가를 철저히 사회와 미래에 대한 기여도에 놓고 봐야 된다는 거죠. 현 노인 세대는 최소한 자식의 행복을 위해 평생 헌신해왔으니 그것만으로 상당한 기여를 한 겁니다.

또한 자기를 수용하고 잘난 점이든 못난 점이든 다 자기의 내면에 통합해야 할 때가 왔습니다. 여기에는 자기반성도 포함됩니다. 사람이 자기의 모든 것을 통합한다는 것은 부끄러운 점도 통합하는 거죠. 합리화하면서 통합하는 게 아니고 반성하면서 '그래. 그건 내가 잘못했어' 하면서 통합하는 것. 그래야 내가 성숙해져요.

미성숙한 사람들은 좋은 것만 통합하고 나쁜 것은 다 치우죠. 자기는 항상 옳다고 생각하죠. 나쁜 점은 왜곡해요. 이러면 자기개념이 객관성을 잃고 나중에 정신적으로 문제를 일으킵니다. 자기의 삶은 자기가 제일 잘 알고 있잖아요?

마지막으로 우리가 해야 할 일은 미래 세대의 행복에 관심을 가지는 겁니다. 사실 한국의 노인 세대들은 이것을 위해 살아오신 분들이라고 생각합니다. 자식들 잘 되라고 한 거예요. 의도는 나쁘지 않았어요. 결과는 별로 안 좋지만. 남은 시간 동안 그 의도를 되살려 미래 세대에 관심을 좀 기울였으면 좋겠습니다. 노인들도 아이들하고 대화를 잘하시는 분들이 있어요. 저도 할머니, 할아버지와 그런 좋은 기억을 갖고 자란 사람인데 굉장히 소통이 잘 됩니다. 소통을 하시다보면 애들이 어떤 세상에서 살아야 행복할지 알게 되실 거고 자연히 도와주고 싶은 마음이 생기겠죠.

이제 더 이상 내 상처만 붙들고 있어봤자 남는 게 아무것도 없습니다. 빨리 자기수용을 하고 남은 시간 동안 미래 세대를 위해 생각해야 합니다. 어차피 우린 다 죽겠죠. 하지만 우리가 죽고 난 다음에도 후손들은 또 살아갈 거 아닙니까?

한국 노인의 삶이 '반복적으로 패배해온 삶'이라고 하셨는데요. 이 세대는 6.25라는 사건을 겪은 세대입니다. 빨갱이들로부터 나라를 지켜내고 이만큼 먹고살도록 만든 게 바로 우리 세대라고 말씀하시는 분들이 많은데요. 이걸 보면 '패배'보다는 '승리'했다고 여기시는 것 아닐까요? '반복적 패배'라는 표현은 무리가 있는 게 아닐까요?

한국 노인들이 반복적으로 패배하는 삶을 살아왔다는 얘기는 두 가지 측면에서 살펴볼 수 있습니다. 우선 사회 · 집단적 차원에서 볼 때 더 나은 사회, 더 행복한 사회를 건설하는 데 실패했다는 것입니다. 흔히 486세대가 승리의 경험을 가지고 있다고 말하는데, 이것은 이 세대가 군부 독재를 역사에서 퇴장시킨 1987년 6월항쟁의 주역이었기 때문입니다. 반면 현 노인 세대는 더 나은 사회, 더 행복한 사회를 건설하기 위한 노력이 좌절되었던 경험이 더 많습니다. 오늘날 한국인의 삶이 행복하지 않다는 것을 노인 세대도 알고 있습니다. 무의식적으로라도 알고 계시죠. 이것은 노인 세대에게 자신들이 성공하지 못했다는 느낌을 줄 수밖에 없습니다. 노인 세대의 삶을 반복적으로 패배하거나 좌절했던 삶이라고 규정했던 것은 이 때문입니다. 한국 사회가 변화하지 않는다면 현재의 청년 세대, 중장년 세대 역시 노인이 되었을 때 자기의 삶을 반복적으로 패배해온 삶이라고 느끼게 될 가능성이 큽니다.

이 세대는 개인적 차원에서도 건강하지 않은 사회에서 살아왔습니다. 대학 졸업 후부터 꾸준히 대기업을 다니다가 퇴직을 앞두고 있던 지인과 술자리를 가졌는데요. 그가 자기 인생을 부정하고 혐오하는 표현을 하기에 "그래도 긴 세월 동안 대기업에서 열심히 일해 왔으니 대단하다."라고 칭찬을 해주었습니다. 그러자 피식 웃으며 이렇게 대답하더군요. "대단하긴 뭐가? 비굴하기만 하면 되는데 뭐." 건강한 사회에서는 비굴할 필요가 없습니다. 잘못된 것은 잘못되었다고 말하고, 불의를 보면 저항하면 됩니다. 하지만 건강하지 않은 사회에서 이런 행동을 하면 생존이 어려워지고, 출세는 더더욱 어려워집니다. 이런 사회에서 사는 평범한 사람들은 비굴함을 숙명처럼 받아들이게 된다는 것입니다.

빨갱이들로부터 나라를 지켜냈다는 자기 삶에 대한 평가는 거짓된 자기평가일 뿐이므로 별 의미가 없습니다. 사람은 자신이 진정으로 믿는 신념을 위해 행동할 때 자부심을 가질 수 있습니다. 그러나 반공은 한국인들이 이성적인 사고 과정을 통해서 받아들인 진정한 '신념'이라기보다는 색깔론 공포증 혹은 분단 트라우마가 유발하는 공포로 인해 받아들인 '이념'일 뿐입니다. 이 주제에 대해서는 제가 쓴 《트라우마 한국사회》(서해문집, 2013)를 참고해주세요. '분배보다 성장이 우선'이라는 경제성장론 역시 지배세력이 무서워서 혹은 지배세력의 거짓말에 속아 믿었던 것일 뿐 이성적인 사고에 의해 자발적으로 받아들인 신념이 아닙니다.

빨갱이를 박멸하고 경제를 성장시켜 물질적으로 풍요로워졌지만 오늘날 대다수의 한국인들은 생존 위기에 내몰려 있습니다. 날이 갈수록 더 불행해지고 있습니다. 이런 현실을 목격하면서 살고 있는데도 과연 노인 세대가 진심으로 '우리 세대는 승리하는 인생을 살아왔다'고 자부할 수 있을까요? 아마 극소수의 극우보수를 제외하고는 대부분 그렇지 못할 겁니다.

아까 연속극 얘기를 하셨는데요. 그 시대에는 부자나 가난한 사람이나 같이 도시락도 나눠 먹고 지금보다 더 행복했다는 말씀을 하셨는데, 그때 당시 훨씬 더 많은 사람들은 중학교, 고등학교 교복도 입어보지 못했습니다. 대다수의 사람들은 교복을 입지 못했던 사회가 과연 우리가 추구해야 할 행복한 사회인가요?

그때가 상대적으로 지금보다 행복했다는 건 분명합니다. 제가 다른 책에서도 논증한 바가 있는데요. 당연히 과거로 돌아가자는 것은 아니죠. 그때는 지금보다 절대적으로 빈곤했고 아예 돈이 없어서 학교도 못 간 친구도 많았던, 슬픔을 주던 시대가 맞죠.

제가 주장하는 것은 경제가 성장하고 사회가 발전하는 것이 공동체를 파괴시키는 방향이 아니라 공동체를 오히려 강화·유지시키는 방향으로 발전해야 한다는 것이고, 그 예로 덴마크를 든 겁니다. 덴마크는 '우리의 88년'보다 훨씬 잘 사는 나라입니다. 지금 한국보다 못 산다고 얘기할 수 없죠. 그런데 공동체가 살아 있습니다. 관계가 좋고 행복지수가 높습니다. 우리가 지향해야 될 사회가 그런 쪽이라는 것을 말씀드린 것입니다.

아까 보수 얘기와 선거 얘기를 여러 번 하시고 지금의 노년 세대가 미래 세대를 위해서 투표해주면 좋겠다고 말씀하셨는데요. 80살 먹은 사람도 엄연히 남은 삶이 있지 않습니까? 본인의 삶에 충실하게 살아가면 그것이 사회 발전을 위한 것이지 내가 살 날이 얼마 안 되니까 내 자식들의 삶을 위해서 양보를 하라는 건 쉽게 납득하기가 어려울 듯합니다.

본인의 삶에 충실하면 사회는 저절로 좋아지게 되어 있다는 주장에 대해서는 여러 연구들이 그렇지 않다는 걸 증명했는데 죄수의 딜레마 실험이나 공항 실험 등이 있어요. 이 연구들은 모든 개인이 자기 이익을 위해서 합리적으로 활동하면 공동체가 붕괴된다는 것을 보여줍니다. 그래서 미국의 학자들도 이 문제를 중요한 화두로 연구해왔고 '개인을 위한 합리적인 삶이 시스템과 충돌하지 않는 방법을 찾아야 한다'는 결론을 내렸어요. 결국 자기 삶에 충실해서 자기만 열심히 살면 세상이 좋아지지 않더라는 겁니다. 공동체에 관심을 가지고 노력해야만 그 삶이 유지된다는 것이 여러 심리학적 연구 결과가 보여주는 바입니다. 이런 점에 대해서는 한 번 생각을 해보셨으면 좋겠고요.

노인 세대와 젊은 세대를 대립 구도로 몰고 가는 언론이나 정치적 세력이 있는 것은 아닐까요?

조금 있다고도 봅니다. 요새 한국 사회가 워낙 갈등 구도를 부각시켜야 장사가 되는 측면이 있다 보니까 별 거 아닌 갈등을 부풀리는 경우도 있어요. 그래서 좀 과도한 측면이 있다고도 보는데 그게 결정적인 이유는 아니라고 생각합니다. 이미 객관적으로 관계가 멀어질 수 있는 이유들이 있기 때문에요.

옛날보다 더욱 더 세대 간 갈등이 심해지고 있는데 혹시 사회가 붕괴되지 않을까요? 앞으로 더욱 더 갈등이 심해질 거 같은데 어떻게 개선할 수 있을까요?

우리 사회가 좋아지는 비결 중 사실 간단한 게 있어요. 저는 두 가지만 실행해도 굉장히 좋아진다고 생각합니다. 하나는 소득 격차를 줄이는 겁니다. 아까 얘기했듯이 복지 국가들의 특징은 직업 간의 소득 격차가 별로 없다는 거 아니겠습니까? 예를 들자면 택시를 몰든 의사를 하든 소득이 별로 차이가 안 나요. 그럼 의술로 사람들을 위해 진정 봉사하고자 하는 사람이 의사가 되려고 하겠죠. 그런데 한국은 지금 어떤 사람이 의사를 하고 있습니까? 돈이 많으니까 의사를 하지 의사라는 직업이 정말 좋아서 하는 게 아닌 경우가 더 많죠. 그래서 직업 만족도가 낮고요, 이게 행복지수에 큰 영향을 미쳐요. 한국은 하고 싶은 일보다는 돈이 되는 일을 하려고 합니다.

또 직업 간의 소득 격차가 크면 귀천에 대한 생각이 들게 되어 있습니다. 그래서 직업에 따라 사람을 차별하고 무시하는 경향이 심해지게 되죠. 그런데 소득 격차가 적으면 직업에 따른 귀천 의식이 줄어듭니다. 몇몇 복지 국가만이 아니라 그런 시스템이 갖춰진 나라에

갔다 온 분들한테 직접 여러 사례를 들은 바가 있습니다. 직업에 따른 귀천이 없기 때문에 사람을 차별하는 경우가 별로 없고 무시하는 경우가 별로 없다는 거죠.

두 번째, 한국 사회에 필요한 것은 사회안전망입니다. 한국 사회는 너무 불안합니다. 불안하기 때문에 사람들이 돈에 집착하는 측면도 있습니다. 미래에 자기를 지켜줄 건 돈밖에 없다고 생각하니까요. 그런데 사회안전망이 튼튼히 갖춰지면 그런 불안이 사라지겠죠. 불안에서 해방되면 사람들이 너그러워집니다. 자연히 이웃한테 잘해주고 사람들한테 호의적으로 대하고 범죄가 줄어드는 선순환이 오게 됩니다.

70~80년을 자기 고집대로 살아온 노인들이 현실적으로 치유 가능할까요? 꼰대가 꽃대가 될 수 있을까요?

치유라는 것이 쉽지는 않아요. 사실 심리학에서는 마음의 병이 있을 때 고등학생 정도 되면 치유하기 어렵다고 생각해요. 중학생 정도면 모를까 나이가 들어갈수록 치유하기 쉽지 않은 건 맞아요. 그러나 불가능한 건 아니라는 겁니다.

또 한국의 노인 다수가 그렇게 악한 사람이 아닙니다. 다수는 선한 사람들이라고 생각해요. 그런 분들이 많기 때문에 치유의 가능성이 분명히 있다고 보는 겁니다. 쉽진 않겠지만. 젊은 사람들이 노인분들을 대할 때에도 공격적인 태도나 무례한 태도를 보일 필요는 없습니다. 이해하는 태도, 존중하는 태도로 다가서면 충분히 가능성이 있다고 봅니다.

우리 사회가 노년 세대를 노인이라는 단어에 가두고 너무 폐품 취급하는 거 아닌가요?

100% 동의합니다. 한국 사회의 가장 큰 문제 중 하나가 정년퇴직제도라고 생각해요. 일할 수 있는 사람을 자꾸 내보내려고 하고, 노인들한테 일자리를 안 주려고 하고, 노인들이 일을 하려고 하면 젊은이들 밥그릇 뺏는다고 뭐라고 하는 분위기, 이거 정말 나쁜 거죠. 임금피크제도 결국 젊은 사람들의 밥그릇을 나이 든 사람들이 뺏는다는 식으로 몰아가는 거 아니에요?

정년도 대폭 늘려야 하고 노인들이 일할 수 있는 일자리 또는 일하지 않더라도 활동할 수 있는 기회를 많이 제공해야 합니다. 특히 지금처럼 오래 사는 시대—최소한 80까지 살고 90까지도 사는 시대에 55세에 퇴직하고 아무 일도 없이 30~40년 더 살아야 한다는 게 말이 됩니까? 시스템과 문화가 정착될 필요가 있고요.

한편 직업에 인생을 올인하는 건 위험합니다. 젊은 사람들도 마찬가지인데요. 오래 가질 수 있는 직업이면 조금 나은데 그렇지 않은 대기업 같은 곳은 40살 넘으면 퇴직 압력이 들어오고 50살 넘으면 쫓겨나죠. 30년을 더 살아야 하는데 직업에 모든 걸 걸고 직업이 곧 나라고 생각해 왔다면 그 이후의 자기는 아무것도 아닌 거죠. 삶의 의미가 다 사라져 버리잖아요. 90세, 100세 시대에 맞게 내가 무엇을 위해 살지 고민하며 그중에 하나가 직업이라고 생각해야 합니다.

장 회 익

물리학자

노년이라는
기적의 '블랭크'

근원적 질문에 답하는
지혜의 시간

1938년 출생. 서울대학교 문리과대학 물리학과를 졸업하고 미국 루이지애나주립대학교에서 물리학 박사학위를 받았다. 30여 년간 서울대학교 물리학과 교수로 재직했으며, 녹색대학 초대총장과 생명평화학교 교장으로 활동하였다. 현재 서울대학교 명예교수이며《삶과 온생명》등의 저서와 수많은 강연을 통해 과학과 생명을 함께 조망해 왔다.

평생 즐겁게 공부를 해온 그에게, 노년은 삶과 생명에 대한 근원적인 질문 ― '나는 어떤 세계에 있는 어떤 존재이며 나는 어떤 자세로 어떻게 살아가야 하나?'에 대한 답을 얻을 수 있는 지혜의 시간이었다. 그는 자신 있게 말한다. "낙엽이 떨어지니 세상이 보입니다. 쓸데없는 것이 떨어지니 소중한 것만 남는 것이지요."

나이듦에 대해 이야기하려고 우리가 이 자리에 모였는데요. 사실 제가 나이 든 사람의 샘플로 나와 있다, 뭐 이렇게 봐도 좋겠어요. 어떻게 보면 오늘 강연이 저의 얘기가 될 것 같아요. 한 가지 여러분들이 즐거워하실 소식이 있는데, 제가 나이 들어보니까 생각보다 좋더라고요. 그래서 '나이 들면 어떻게 하나' 하고 걱정하실 필요가 전혀 없어요. 어떻게 보면 지금까지 살아온 날들 중에서 그 어느 때보다도 제일 좋은 때가 아닌가 생각하고 있어요. 지난주엔 어느 중학교에 가서 학생들하고 얘기를 나눴는데 아이들이 "선생님 사신 날들 중 가장 보람 있다고 생각했을 때가 언제입니까?" 하고 물어요. "아마 내가 죽는 날일 거다. 나는 하루하루 살면서 더 보람 있는 삶을 살고 있다. 사실 오늘이 어제보다 더 보람 있는 삶이고 어제는 그제보다 더 그렇다. 그러니까 앞으로 더 보람 있는 날이 올 것이고, 그러면 마지막 날이 제일 보람 있는 날이 되지 않겠느냐."라고 얘기를 했습니다. 나이 든다는 것이 결코 서글픈 일이 아니라는 말씀을 먼저 드릴게요.

삶의 보람과 생존 의지

저는 우리 삶이 대단히 소중한 보물이라고 보거든요. 우리가 왜 이런 삶을 살게 됐는지 아무도 모르고 살아가기는 하지만 한 사람이 삶을 얻어 일생을 살아갈 수 있다는 건 소중한 일이죠. 그래서 우리한테 가장 중요한 것은 삶이죠. 그런데 우리는 대부분의 삶—보물을 뺏기고 있어요. 그렇게 자기가 보람 있는 삶을 살고 있는지 모르고 지나가다가 마침내 노년을 맞죠. 그제야 '자, 이제 나도 내 삶을 가질 날이 왔다!'라고 말할 수 있게 되죠. 직장을 가지고 있던 사람들은 퇴임하면 이런 날이 올 거고, 그렇지 않더라도 어느 정도 나이가 되면 자기 스스로 '이제는 내가 적어도 남은 생애를 세상에 얽매이지 않고 살아갈 수 있겠다'고 느끼는 날이 반드시 있을 거예요. 물론 그러기 위해서는 최소한 생활에 대해 걱정 없이 살 수 있는 준비가 되어 있어야 하겠죠. 사실 사회가 보장을 해줘야 하는데 우리 사회는 지금 충분한 보장을 못해주고 있어요. 그런 면에서는 참 섭섭하죠.

그러면 이 귀한 노년을 얼마나 뜻 있게, 보람되게, 진정한 '내 삶'으로 살아갈 수 있을까요? 여기서 제가 어떤 노년을 꿈꾸고 있는지 한 번 정리해봤어요. 첫째, 마지막 날까지 더 보람된 하루를 보낸다. 아까 말씀드린 거예요. 마지막 날까지 하루하루가 더 보람되니까 결국 내리막길은 없는 거죠. 둘째, 마지막 날까지 건강을 유지한다. 이건 필수죠. 필수인데, 현재 건강하시다면 유지할 수 있어요. 물론 체력이 더 증가하기를 기대하기는 어렵지만, 최소한 자기가 관리하기에 따라 유지할 수 있습니다. 셋째, 마지막 날 내가 진정 원하는 것은 이제 떠나는 것이다. 이렇게 생각할 수 있기를 바라요. 다시 말하자면 아쉬움 없이 떠날 수 있는 사람이 되면 좋겠어요.

저는 과학자이기 때문에 그래프를 좋아합니다. 그래프로 표시하면 삶의 보람은 앞으로 살아가면서 점점 증가해 마지막 날에 100%가 되면 좋겠죠. 더 보람된, 의미 있는 삶을 만들자는 겁니다. 건강 상태는 '미스터 코리아가 되겠다', '미스 월드가 되겠다', 이렇게 욕

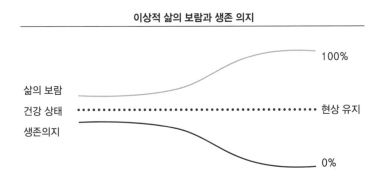

이상적 삶의 보람과 생존 의지

삶의 보람 ⋯⋯⋯⋯ 100%

건강 상태 ●●●●●●●●●●●●●●●●●● 현상 유지

생존의지 ⋯⋯⋯⋯ 0%

심내지 말고 현상 유지를 잘 하자는 것이고요. 마지막으로 생존 의지란 내가 사는 동안 살기 위해 필요로 하는 본능이에요. 그런데 마지막 날은 그 본능이 필요 없는 날 아니겠어요? 결국 가장 이상적인 결말은 마지막 날, '아이고, 지금까지 참 의미 있게 살기는 했지만 이제는 좀 힘들다. 이제는 조용히 쉬고 싶다'라며 생애를 마치는 것이죠. 이 세 가지가 맞아 들어가면 이상적인 노년이죠. 모든 사람이 이렇게 될 수는 없겠지만 우린 노력할 수 있고 실제로 이렇게 된 사례들이 있어요.

니어링 부부, 부인 헬렌 니어링과 남편 스코트 니어링의 생애를 잠깐 소개하겠어요. 이미 아시는 분들 많으시죠. 이 두 분이 젊었을 때 쓴, 지금도 아주 유명한 책이 하나 있어요. 《조화로운 삶(Living the good life)》이라고 번역이 돼 있어요. 저는 젊을 때 읽었어요. 우선 스코트 니어링이라는 분은 본래 미국의 정치학 교수였어요. 우리나라도 그렇지만 미국에서도 직장에서 바른 소리하면 쫓겨나요. 이 분도 대학에서 쫓겨나서 "이제 어떤 사회의 구속도 받지 않고 살겠다!"라며 그 당시에 가지고 있던 모든 것을 가지고 요즘 흔히 말하는 귀촌, 귀농을 했어요. 땅을 얼마 마련해서 거기서 살았는데 돈에 매이지 않고 살았어요. 이분들은 자급자족을 했어요. 농사를 지었는데, 오전에만 생산 활동을 한다는 원칙을 갖고 있었어요. 자꾸 수입을 올리면 거기에 매이게 되죠. 그건 자신들이 바라는 삶이 아니라고 생각해서 딱 오전에만 일을 했어요. 저녁식사는 채소와 과일만으로 했어요. 곡물은 안 먹고요. 잉여생산물은 물물교환으로 처리했는데 자기들이 주고 싶은 사람한테 보내주고 또 그분들이 남는 걸 이 분들한테 보내주었어요. 이런 식으로, 좋은 삶을 살아갔다는 내용의 책이었어요.

저는 여기서 한 가지 의문을 가졌어요. '참 좋다. 그런데 젊을 때야 그럴 수 있겠지. 나중에 노년이 되어서도 그런 생활을 버틸 수 있나?' 이런 질문을 가지고 책을 덮었지요. 그런데 한참 후에 니어링 부부의 생애가 끝났다는 소식을 들었어요. 스코트 니어링이 나이가 더 많아서 먼저 작고했는데, 헬렌 니어링이 스코트 니어링에 대해 쓴 글이 그 후에 나왔어요. 이분이 어떻게 돌아가셨느냐. 100세 생일까지 한 번도 병들지 않고 건강하게 자급자족 생활을 유지했다고 해요. 그리고 100세 생일이 되자 '이제는 내가 사는 것보다 생을 끝내는 게 좋겠다'고 결론을 내려서 그 날부터 곡기를 끊고 조용히 생애를 마쳤다고 해요. 사는 것, 'Good life(좋은 삶)'만이 아니라 'Good death(좋은 죽음)'까지 이룬 하나의 이상적인 사례가 아닌가 생각해요. 물론 사람마다 다 삶의 방식이 다르죠. 노년의 꿈을 실현하기 위한 삶의 방식들은 여러 가지가 있을 거예요. 그에 따라서 생애를 마치는 방법도 여러 가지가 있어요. 그중에 하나, 특히 제가 취하고 있는 방식은 학문을 지향하는 삶이에요. 학문을 한다는 것도 사실 쉽지 않죠. 나이 많아서까지 학문을 할 수 있느냐, 그리고 그것이 의미 있는 삶으로 연결될 수 있느냐, 이런 부분을 제가 시도해보고 있어요. 물론 다른 분들도 문화·예술이나 사회봉사 등 여러 가지로 의미 있는 활동을 할 수가 있겠죠.

지혜,
쇠락을 극복하는 열쇠

그런데 여기 한 가지 문제가 있어요. 건강과 지력의 쇠락에 어떻게 대처할까? 또한 과연 마지막 날 미련 없이 떠날 수 있을까? 제 나이를 말해도 될까요? 보기보다 더 많아요. 일흔 여덟이에요. 그러니까 우리나라 기준으로 보면 충분히 노년이죠.

노년이 되면서 더 좋아지는 것이 있어요. 더 좋아지는 것. 더 빛나는 것. 바로 '지혜'라는 거예요. 식물에 비유를 해보면 꽃과 잎은 경쟁을 하죠. 하지만 단풍과 나목(裸木)은 경쟁하지 않아요. 오롯이 자신의 열매만 맺는 거죠. 꽃과 잎은 청년, 장년을 얘기한다고 볼 수 있어요. 단풍과 나목은 노년입니다. 노년의 좋은 점 한 가지는 이거예요. 남하고 견줄 필요가 없어요. 그리고 싸워가면서 남의 자리를 뺏고 뺏길까봐 염려할 필요가 없어요. 사실 경쟁이라는 것 때문에 얼마나 우리가 시달리고 있나요?

사람이 맺는 열매는 지혜를 통해서 열려요. 지혜를 쌓고 지혜를 널리 주는 것이죠. 그렇다면 지혜란 무엇이냐. 그 결정체를 우리 동양에서는 '도(道)'라고도 불러요. 정제된 바른 지식이죠. 지식의 반대말은 무지가 아니고 반지식(反知識)이에요. 지식에는 진정한 지식과 잘못된 지식 두 가지가 있어요. 완전한 무지는 없어요. 잘못된 지식, 이것이 문제죠. 그런데 노인이 되면 지금까지 잘못된 채 쌓여 있던 지식이 자꾸 떨어져요. 그러니까 낙엽이 떨어지듯 우리 기억력

식물에 비유를 해보면 꽃과 잎은 경쟁을 하죠.
하지만 단풍과 나목(裸木)은 경쟁하지 않아요.
오롯이 자신의 열매만 맺는 거죠.
노년의 좋은 점 한 가지는 이거예요.
남하고 견줄 필요가 없어요.
싸워가면서 남의 자리를 뺏고 뺏길까봐
염려할 필요가 없어요.
사실 경쟁이라는 것 때문에 얼마나 우리가
시달리고 있나요?

도 떨어지는데 뭐부터 사라지는고 하니 쓸데없는 기억부터 사라지게 돼요. 즉 반지식부터 사라지고 정말 소중한 건 남아요. 쓸데없는 것이 다 사라지고 나면, 정말 중요한 것만 보여요. '낙엽이 지니 세상이 보인다'는 거예요. 그리고 넓게 멀리 보이죠. 이것을 모으는 게 지혜입니다. 그래서 젊어서는 지혜를 얻기가 어려워요. 너무 왕성하기 때문에 그렇습니다.

유명한 공자님 말씀이 있지요. '조문도 석사가의(朝聞道 夕死可矣)', 아침에 도, 지혜의 정수를 깨달으면 저녁에 죽어도 좋다는 말입니다. 저는 여기다가 하나 더 붙였어요. 아침에 도를 깨닫고 저녁에 죽어 버리면 다른 사람한테 줄 게 없잖아요. 그래서 낮에 이걸 적어놓아야 해요. 낮에 적어 놓고 돌아가셔야지. (좌중 웃음) 우리는 전해줘야 해요. 내가 어렵게 얻었으면 또 전해주어서 우리의 문명 안에 지혜를 쌓아나가야죠.

그럼 지혜를 쌓는 목표는 무엇이냐? 바로 이 물음에 대한 답을 찾는 거죠. '나는 어떤 세계에 있는 어떤 존재이며 그래서 나는 어떤 자세로 어떻게 살아가야 하나?' 이 답을 제대로 찾는다면 그것이 바로 지혜가 되죠. 사실 우리가 주체적인 삶을 살려면 한 번은 이 질문을 던지고 자기 답을 찾아야 하는데 그러지 못하고 젊음을 다 보내고 일생을 마치는 사람이 너무나 많죠. 그래서 이 답을 찾기 위해 공부를 해야 돼요.

그러면 노년까지 공부할 수 있는 방법을 우리가 알아야 되겠죠. 그래서 공부에 대한 비결 세 가지+α, 합쳐서 네 가지를 제가 이렇게 정리해 봤어요. 첫째, 내 안에 스승을 모셔라. 다시 말하면 내 힘으로 공부할 수 있는 능력을 기르라는 거죠. 둘째, 공부 체질을 만들라. 몸도 마음도 공부를 즐기는 체질을 갖추라는 얘기입니다. 셋째, 사물의 연관을 생각하라. 사물이 따로따로 떨어져 있다고 생각하면 그건 의미 있는 지식이 안 돼요. 전체를 한눈에 볼 수 있어야 돼요. 그러기 위해서 연관을 생각할 수 있어야 하고요. +α, 가끔은 지적 도약을 시도하라. 이 네 가지 비결로 지속 가능한 공부를 계속해가면 좋겠어요.

노년, 기적을 만들 수 있는 시간의 '블랭크'

첫 번째, 내 안에 스승을 모시는 방법에 대해 얘기해보죠. 인류 지성사에서 지적 업적을 이뤄낸 대표적인 사람, 뉴턴과 아인슈타인이 있어요. 인류 지성사를 얘기하는 사람들이 '두 번의 기적의 해'라는 말을 합니다. 첫 번째는 1666년인데 본래 뜻은 이거예요. 1665년에 유럽에 엄청난 재앙이 일어났어요. 페스트, 흑사병이 돌았는데 그때는 원인도 모르고 치료방법도 몰라서 사람들이 엄청나게 죽어갔어요. 그런데 한 해 넘어서 1666년이 되니까 왜 그런지 모르게 싹 사라졌지요. 이런 사건들이 놀랍다고 해서 기적의 해라고 이름을 붙였는데, 그 덕택에 스물네 살의 뉴턴이 인류 지성사에 가장 놀랄 만한 업적을 이뤘어요. 그런데 또 하나의 기적의 해가 있죠. 1905년. 이번에는 스물여섯 살의 아인슈타인이 젊은 나이에 요즘으로 치면 노벨상 3개 정도에 해당하는 업적을 한꺼번에 냈어요. 논문 대여섯 편 하나하나가 노벨상을 주고도 남을 만한 업적이었죠. 이러한 기적이 어떻게 가능했을까요? 먼저 뉴턴의 생애를 보죠.

뉴턴의 생애(1642~1727년)

1642년 소지주 가정에서 유복자로 출생

★1658년(16세) 학교를 중퇴하고 농사 일

1661년(19세) 케임브리지 대학교 입학

★1665년(23세) 페스트 때문에 학교가 폐쇄되어 귀향

1666년(24세) 기적의 해

★ 표시를 한 해를 보면 뉴턴 인생에 두 번의 '블랭크(blank. 빈 칸, 여백이라는 뜻)'가 있어요. 열여섯 살에 학교를 중퇴하고 농사일을 해요. 그러다가 농사 일도 잘 못하고 입학 권고도 받고 해서 다시 열아홉 살에 대학에 입학했죠. 케임브리지 대학, 여러분들 많이 아시는 대단한 명문대학이죠. 당시는 별 볼 일 없는 대학이었어요. 그런데 왜 명문이냐? 뉴턴이 나왔기 때문에 명문대학이 된 거죠. 그래서 우리는 명문대학을 가려고 할 필요가 없어요. 내가 가서 거기서 졸업을 함으로써 명문대를 만들자! 그런 기백이 필요하죠. (좌중 웃음) 그런데 1665년, 이 해에 페스트가 창궐해서 학교가 문을 닫았어요. 졸

업을 하고 실제로 구체적인 연구를 해야 할 무렵에 다시 시골에 가서 또 1년을 보냈어요. 그리고 기적이 일어났습니다. '야! 이렇게 학교를 중단하고 또 '블랭크'를 가지고도 기적을 일으켰으니 얼마나 대단한 천재냐!' 하고 생각하실지 몰라도 저는 반대로 해석해요. 이 두 '블랭크'가 없었어도 과연 뉴턴이 기적을 일으켰겠느냐? 이것이 오히려 원인이 되지 않았겠느냐? 제 얘기가 맞을 거예요. '블랭크'란 무엇이냐, 혼자 공부할 수 있는 방법을 찾는 훈련기인 거죠. 스승이 없어요. 그러나 공부는 하고 싶고, 그래서 자기 혼자 공부한다는 것, 다시 말하면 '내 안에 스승을 모시는' 방법을 체득하는 기회가 된 거예요. 어느 정도 공부가 된 상태에서 아무런 구속을 받지 않고 스스로 정리해낼 수 있는 기회를 가진 거죠. 그래서 기적이 일어났고요. 좀 무리한 해석이라고 느껴지시나요? 이것만 보면 그럴 수도 있죠. 그런데 아인슈타인을 보세요. 놀랍게도 아인슈타인도 똑같은 패턴을 가지고 있어요.

아인슈타인의 생애(1879~1955년)

1879년 소기업 사업가 가정에서 출생

★1894년(15세) 루이트폴트 김나지움 중퇴

1896년(17세) 취리히 연방공과대학 입학

★1900년(21세) 졸업 이후 수년 간 백수 생활

1905년(26세) 기적의 해

루이트폴트 김나지움이라고 하면 당시 독일 최고의 명문 중고등학교예요. 그때나 지금이나 명문 중고등학교는 대학을 잘 보내는 학교예요. 그런데 아인슈타인은 스스로 중퇴하고, 학교를 나왔어요. 바로 이때 혼자 공부할 기회를 가졌죠. 그리고 취리히 연방공과대학에 혼자 입학 시험을 쳤는데 합격을 안 시켜줬어요. 물리, 수학은 너무 잘하는데 다른 과목이 조금 약하다고 고등학교를 조금 더 다니고 오라고 했어요. 그래서 1년 가까이 더 다니고 대학에 갔죠. 대학을 졸업하고 거의 3~4년 동안 백수로 지냈어요. 학교에서 성적이 꽤 우수했지만 교수들한테는 영 밉보였어요. 그래서 아무데도 조교로 갈 수가 없어요. 그럼 뭘 했느냐? 혼자 연구하는 거예요. 물론 주변 친구 몇몇과 같이 하기도 했지만. 그게 기회가 된 거죠. 그러니까 이 두 사람이 패턴이 똑같아요. 이 엄청난 지적 업적을 내기 위해서 가장 중요한 것은 혼자 자기 능력을 키울 수 있는 기회가 있어야 한다는 거죠. 그런데 참 걱정이에요. 우리나라 학생들한테 이런 기회를 주나요? 안 줘요. 계속 공부만 시키죠. 심지어 우수한 학생일수록 더 조여서 3년에 할 공부를 2년에 하고, 그 다음에 또 박사를 몇 년간 해요. 이렇게 자꾸 조이기만 하니 언제 혼자 공부할 수 있는 능력을 가지겠어요.

노년을 맞이하신 분들은 다 지금 이 기회를 가지신 분들이에요. 그러니까 지금부터라도 혼자 학습할 수 있는 기회를 가져야 합니다. 우리는 공부한다고 하면 어디 등록하고 어디 가서 누구한테 배우고 하는데 그게 아니에요. 물론 혼자 공부하고 나면 다시 확인하는 시간이 필요해요. 뉴턴도 아인슈타인도 다시 대학을 다니며 그런 시간을 가졌죠. 사실 계속 혼자서만 공부하는 딱한 사람들이 있어요. "내가 해봤더니 아인슈타인이 틀렸더라. 아, 내가 대단한 발견을 했다."라며 엄청나게 긴 논문을 써서 노벨상 타겠다고 봐 달라고 찾아오는데 참 딱한 사람들이죠.

저는 초등학교 중퇴예요. 지금까지 초등학교를 졸업한 일이 없어요. 그러니까 중학교 입학도 정식으로는 못했죠. 그래서 1년 남짓 고등공민학교라는 인가도 안 받은 곳에서 잠깐 공부하다가 2학년 2학기에 정규 중학교에 편입을 했어요. 그래서 한 1~2년을 혼자 공부했는데, 그때 혼자 공부한 경험을 제가 지금까지 간직하고 있어요. 처음에는 참 막막해요. 왜냐하면 그전까지 공부라고 하면 학교에서 선생님 말씀을 듣고 배우는 것으로 생각했으니까요. 혼자 교과서만 읽는다고 아는 게 아니잖아요? 학교에서 선생님 말씀을 들어야 아나 보다 했고, 시험을 쳐서 점수를 잘 받아야 정말 아는 거라고 생각했죠. 그런 식의 공부만 반복했던 거죠. 그런데 우리 할아버지는 저보고 학교 가지 말라는 거예요. 그래서 결국 혼자 공부하는 법을 터득하게 된 것인데, 그것이 제가 지금 80이 돼가면서도 여전히 공부할 수 있는 바탕이 되고 있어요. 지금은 할아버지께 고맙게 생각합니다.

멈출 줄 아는
평생 공부 습관

두 번째, 공부 체질을 만들어라. 제가 공자님 말씀을 인용하려는데요. 아시는 분들 많이 계시죠. '지지자불여호지자 호지자불여락지자(知之者不如好之者 好之者不如樂之者)'. 무슨 뜻이죠? 안다는 것은 좋아하는 것만 못하고 좋아하는 것은 즐기는 것만 못하다는 말이죠. 이걸 공부에다 적용하면 공부가 중요하다는 것을 아는 것은 공부를 좋아하는 것만 못하고, 공부를 좋아하는 것은 공부를 즐기는 것만 못하다는 말입니다. 그런데 여기서 알쏭달쏭한 게 이 둘째 줄이에요. '공부를 좋아하는 건 뭐고 공부를 즐기는 건 뭐냐? 그게 그거 아니냐?' 하고 생각할 수 있죠. 공부가 중요하다는 걸 아는 것은 머리로 아는 거예요. 그 다음에 공부를 좋아하는 것은 마음이죠. 그럼 공부를 즐긴다는 건 뭐냐, 몸과 마음이 함께하는 거예요. 몸도 함께 즐겨야 진정으로 즐기는 거예요, 공부를. 우리가 공부할 때, 특히 공부를 좋아하는 사람들이 빠지기 쉬운 맹점이 뭐냐면 공부를 좋아하는 나머지 몸의 건강을 상하기 쉽다는 거죠. 조금 현명한 몸이면 몸이 반항을 해요. 현명하지 못한 몸을 가진 사람은 몸을 망쳐서 병이 들죠. 몸이 좀 현명한 사람은 몸이 나서서 그때부터 공부를 방해하고요. 그래서 우리가 몸까지 즐겁게 공부하는 방법을 찾지 못하면 실패한다는 거죠.

이 방법을 터득하는 데는 습관이 필요해요. '지지지지(知止止止)'라는 재미난 말이 있어요. '멈출 때를 알고, 멈출 때 멈춰라'는 뜻입니다. 공부가 재미있을 때 쉬라는 얘기예요, 몸을 위해서. 이건 우리 아버지에게 배웠어요. 사실 우리 아버지는 공부를 많이 못했어요. 초등학교 졸업 후에 1년도 채 안 되는 시간 동안 측량 강습을 받아서 측량 기사, 토목 기사로 일생을 사신 분인데요. 그 1년도 안 되는 시간 동안 삼각함수와 측량 기술 약간 배워서 토목 기사를 하려니까 여러 가지로 부족함을 많이 느끼셨죠. 물리학과 수학이 부족하셨는데요, 이분이 혼자 그 공부를 하셨어요. 그걸 하려니까 얼마나 힘들어요.

그래서 터득한 방법이 있는데 책을 읽다가 재미난 데가 있으면 멈추고 덮어놓고 쉬는 거예요. 그건 소설책을 읽을 때도 마찬가지예요. 그래서 우리 어머니가 "당신은 이렇게 재미난 부분이 있으면 그걸 계속 읽어야지. 도대체 왜 그러느냐?" 하고 따져 물으니까 우리 아버지 대답이 아주 간단해요. "그래야 그 책이 또 보고 싶어진다." 그러니까 지속적으로 보는 게 중요하다는 거예요. 그때는 재미있다고 들떴지만 계속 보면 몸이 기억을 하니까 '요놈. 나를 혹사시켰지? 다음에 책 볼 날만 와봐라! 내가 못 하게 방해해야지' 하는 거예요. 즐길 수가 없어지는 거죠. 그래서 우리 아버지는 그런 식으로 즐기신 거예요. 제가 공부할 때도 항상 조금 길게 공부하는 것 같으면 "그만해. 너 그만 나가서 쉬어!" 하셨어요. 그게 이제 습관이 됐어요.

저는 공부하는 장소가 세 군데 있는데 책상, 산책로, 잠자리예요. 한 시간 정도 공부하다가 '아, 내가 한 시간을 책상 앞에 앉아 있으면 몸이 즐거워하지 않을 거다' 해서 몸을 일으키고 '왜 내가 책상 앞에서만 공부해야 해? 걸어가면서 하자!' 하면서 산책로에 나오는 거예요. 핑계 좋죠? (좌중 웃음) 단 그때 내가 생각하던 문제를 머릿속에 잠깐 넣어서 나오지요. 그럼 2~3분도 안 돼서 길거리에 다른 것들 보고, 지나가는 사람 보고, 아는 사람 만나고 이러다 싹 잊어버려요. 실제로 나와서 하려던 생각은 안 하게 되는데요.

그런데 거기서 끝나는 게 아니고 그렇게 몇십 분 걸어 다니다가 다시 생각이 나요. '아! 내가 걸어가면서 생각하려고 나오지 않았나?' 그때부터 생각을 해요. 긴 시간이 필요한 건 아니에요. 그런데 놀랍게도 책상 앞에서는 도저히 풀리지 않던 문제가 확 풀리는 거예요. 그러니 수첩 하나 가져가서 메모를 합니다. 혹시 잊어버릴까봐. 하여간 걸어가면서 좋은 생각이 많이 떠올라요. 이유가 있죠. 걸으면 혈액 순환이 달라져요. 앉아 있으면 똑같은 방식으로만 혈액이 도니까 생각도 제자리에서 맴도는데, 이제 혈액 경로가 달라지니까 머리가 다른 방식의 사고를 하게 되죠. 또 전체를 보게 돼요. 책을 읽어나가면 순서대로만 생각을 하니 한 길밖에 못 보는데, 밖에 나와 걸으면 그런 제약이 없으니까 생각을 전체적, 주체적으로 하게 되어 창의력을 기르기에 아주 좋습니다.

뿐만 아니라 잠자면서도 공부할 수 있습니다. 밤 11~12시 되면 '아이고, 피곤해. 그런데 이걸 좀 하긴 해야 하는데… 그럼 자면서 하지 뭐.' 하고는 머릿속에 탁 집어넣고 자면서 생각을 해요. 물론 2~3분도 안 돼서 잠이 들어버리죠. (좌중 웃음) 그게 중요한 거예요. 그렇게 쉬어버리고 새벽에 깨면 그때 아이디어가 떠올라요. 그러면 이제 일어나서 정리를 하는 거죠.

이건 습관이에요. 하루아침에 되는 게 아니에요. 그래서 일찍부터 습관을 들일수록 좋아요. 득이 많아요. 공부가 재밌어지니까 즐겁고, 즐거우면 또 공부가 저절로 되니까 좋은 거죠. 그리고 몸까지 좋아져요. 왜냐하면 몸을 첫째로 생각하니까요. 그래서 공부하면 몸이 나빠진다? 이건 공부할 줄 모르는 사람이에요. 공부하면 몸도 더 건강해집니다. 전 지난 건강검진에서 모든 항목에서 가장 좋은 등급을 받았어요. 왜 그럴까요? 지금까지 공부를 즐겨왔고 지금도 즐긴다는 것밖에 없어요.

물론 좋은 습관을 가지더라도 지력과 체력의 한계가 있어요. 지력과 체력은 감퇴해요. 자연적인 일이죠. 그러나 겁낼 것이 없는 게, 대신 이해력이 증진돼요. 반지식이 떨어지고 지혜가 형성됩니다. 반지식은 이해를 통해서 걸러내는 겁니다. 우리는 잘못된 지식을 상당히 많이 가지고 있어요. 이건 사실 버려야 할 지식인데 어떻게 걸러내느냐? 이해라는 걸 통해서 걸러낸다는 거예요. 이해란 어떤 특정 현상을 보편적인 앎과 관련해서 파악하는 것입니다. 또 체력은 감퇴되지만 '체조(體調, 몸의 조화)'는 증진됩니다. 격정이 줄어들고 생활 리듬이 정제되지요.

연관성을 생각하는
이해의 장

세 번째 공부 비결은 사물의 연관을 생각하라, 즉 연결해서 이해하라는 거예요. 바둑을 둘 때 집 두 개 이상 없으면 죽잖아요. 아는 것도 마찬가지예요. 단단한 바탕을 가지고 항상 그 바탕과 새로운 정보를 연결해야 해요. 그런데 이 단단한 바탕이 될 수 있는 가장 좋은 것은 보편적인 것입니다. 가장 보편적인 원리를 확인하고 모든 것을 여기서부터 이끌어 내는 것입니다.

자, 초승달이 있습니다. 지금 이 달의 밝은 쪽이 어느 방향으로 향하느냐? 동서남북 중 어디냐고 물으면 대부분은 몰라요. 대답을 못해요. 어떤 사람은 "서쪽입니다." 또 어떤 사람은 "동쪽이에요." 하지요. 어떤 답이 맞아요?

달빛이 태양빛이 반사되어 나온다는 걸 생각하지 않으면 답이 안나오죠. 아래 그림을 보면 답을 알 수 있어요. 저녁 때 이걸 보면 어느 방향이에요? 서쪽이죠. 아침에 보면 동쪽이고요. 다시 말하면 우리가 사물을 이해하는 방식이 바로 이렇다는 거예요. 달의 모양만

달   태양

보고 달은 본래 그렇겠거니 하면 아무것도 이해하지 못해요. 태양과 연관을 지을 때 진정 이해가 되는 거지요. 그렇죠? 조금만 주의를 기울이면 보는 게 상당히 달라져요.

호기심,
늙지 않는 비결

지금까지 대단히 중요한 것들을 같이 생각했는데요. 이제는 +α라고 말씀드렸던 '지적 도약'에 대해 이야기해볼게요. 아인슈타인에 관한 기록을 보면 친구의 80세 생일에 보내는 편지에서 이런 말을 했어요. "당신이나 나 같은 사람은 다른 이들과 마찬가지로 결국은 죽을 사람들이지만, 아무리 오래 살더라도 늙지는 않을 겁니다. 우리는 우리가 그 안에 태어난 이 거대한 신비(Mystery) 앞에서 호기심 많은 아이들처럼 그것과 대면하기를 결코 멈추지 않을 것이기 때문이지요."

그러니까 아인슈타인이 말한 늙지 않는 비결은 호기심이에요. 자연의 신비 앞에 호기심을 가지고 계속 지적인 도약을 한 것이죠. 지적 도약의 한두 가지 사례를 생각해 볼까요?

두 가지 유명한 물음이 있어요. 먼저 "대지는 왜 떨어지지 않는가?"라는 질문이 있었어요. 성리학자 장현광이라는 분이 1631년에 쓴《우주설》이라는 책에 나오는 물음이에요. 대지는 지구예요. 1631

년에는 지구라는 말이 없었어요. 그런데 대지(지구)가 허공에 떠 있다는 건 알았어요. 천체가 그 밑으로 왔다 갔다 한다는 것까지도 다 알았죠. "지구가 허공에 떠 있는데 왜 밑으로 안 떨어져?" 심각한 질문이죠. 물론 이 질문을 이분이 처음 한 건 아니고 우리가 흔히 주자(朱子)라고 부르는 중국의 주희도 비슷한 질문을 했어요. 그런데 또 한 가지, 흡사하면서도 정반대인 질문이 있습니다. 바로 뉴턴의 "사과는 왜 떨어지는가?"라는 질문이에요. 다 아시죠. 뉴턴이 1666년 만유인력의 법칙을 발견할 때에 가진 의문으로, 다른 사람들은 아무도 궁금해하지 않았던 내용이에요.

여기서 제가 말씀드리려고 하는 것은 이 두 질문이 어떻게 해서 각각 성립하느냐 하는 거예요. 이 두 질문은 앎의 틀—프레임(frame)을 달리하고 있는데 첫 번째 질문이 나온 프레임은 공간을 2+1차원으로 본 거예요. 수평적 공간을 2차원의 평면으로 보고, 위아래 개념을 더하는 수직을 별도의 1차원으로 본 것이죠. 반면에 두 번째 질문은 3차원이라는 프레임을 갖고 있어요.

지금 여러분은 3차원이라는 말을 너무 잘 알고 있지만 과거의 우리는 이 세계를 2+1차원으로 생각했어요. 우리 공간의 성질 중 동서남북은 대등해요. 여러 가지로 봐서 동서남북은 차이가 없어요. 그런데 위아래는 다르죠. 왜 달라요? 물건이 떨어지는 방향이니까요. 그래서 2+1차원으로 봤어요. 다시 말하면 '무언가 위에서 아래로 떨어지는 것은 당연한 거'라는 거예요. 그런데 지구는 안 떨어진다 이거예요. 그 큰 것이. 이상하잖아요? 다 떨어져야 되는데. 그때는 그렇게 생각했어요.

　그런데 뉴턴은 반대죠. 3차원을 전제로 하면 수평 방향이든 수직 방향이든 다 대등한 방향인데 왜 수직 방향에서만 떨어지느냐는 질문을 한 거예요. 같다고 보면 떨어지는 게 문제가 되고, 다르다고 보면 안 떨어지는 게 문제가 되고. 아시겠어요? 우리가 차원을 어떻게 보느냐에 따라서 시각이 이렇게 달라지는 거예요. 이것이 바로 1666년, 뉴턴이 기적의 해를 만들게 된 중요한 지적 도약이에요. 1905년 기적의 해에 아인슈타인은 한 차원 더 올라간 거고요. 시간도 공간에 포함시켜 4차원으로 지적 도약을 한 겁니다. 4차원으로 도약하면서 상대성이론이 만들어졌고, 이를 통해 상식으로는 도저히 상상할 수 없는 놀라운 세계가 우리 눈앞에 펼쳐지게 되었지요.

온생명, 지혜로 답하는 근원적 질문

지금까지 지속가능한 공부 비결을 4가지로 제시했습니다. 그럼 처음으로 돌아가 볼까요? 우리가 왜 공부를 해야 한다고 했죠? 노년에 다다라야만 얻을 수 있는 지혜를 쌓기 위해서였죠. 그럼 지혜를 쌓는 목표는 무엇이냐? 바로 '나는 어떤 세계에 있는 어떤 존재이며 그래서 나는 어떤 자세로 어떻게 살아가야 하나?'라는 질문에 답을 찾기 위해서였어요. 저 역시 물리학자로서 이 질문에 대한 해답을 구해보려는 것을 제 남은 과제로 여기고 있어요.

이와 관련해서 생명에 대한 이야기를 해볼게요. 우리가 흔히 생각하는 생명이란 것은 어떤 존재인가? 그리고 나라는 것은 무엇인가? 앞에서 우리는 사물을 이해하기 위해서는 연관을 생각해야 한다고 했는데, 생명을 이해하기 위해서도 마찬가지예요. 이러한 연관을 파악하기 위해, 에너지, 정교성, 자유에너지, 1차 질서, 2차 질서, 국소질서, 자체촉매적 국소질서 등의 과학 개념들을 동원해야 하는데, 지금 이 시간에 모두 설명하기는 좀 어려우니까 간단히 예를 들어볼게요.

현재 대기 중에 산소가 21%나 있어요. 우리는 산소가 없으면 못살죠. 그런데 이것이 처음부터 있었던 게 아니에요. 지구상에 생명체가 처음 나타날 무렵에는 대기 중에 산소가 없었어요. 대기 중의 산소는 녹색 생명체들이 내뿜어서 생겼고 모든 생명체들은 이 산소를 호흡해 살아가지요. 이처럼 우리는 다른 생명체들뿐 아니라 산소와 같은 '바탕질서'와 밀접하게 연결되어 있는 거예요. 이처럼 생명이라는 것은 이 모든 것이 함께해야 가능해지고 이들이 함께하지 못하면 성립하지 못하는 하나의 존재론적 단위를 이루고 있는 겁니다. 이것이 생명의 본질이라는 거죠. 저는 이것을 '온생명'이라고 불러요. 생명을 이루기 위해 깰 수 없는 단위가 나라는 개체인 '낱생명'이 아니라 나와 다른 생명체 그리고 바탕질서로 이루어진 온생명이라는 겁니다.

지금까지 우리는 낱생명 하나하나 안에 생명이 들어 있다고 봤어요. 지금까지도 생물학자들, 생명학자들 모두가 낱생명을 생명이라고 봐요. 하지만 사물 사이의 연관성을 통해 우리가 어떻게 존재할수 있느냐를 살펴보면 생명은 온생명 형태로만 있게 된다는 것입니다. 이것이 제가 지난 30~40년 동안 생명에 대해서 공부한 제일 중요한 결과예요.

낱생명, 중요하죠. 하지만 하나의 낱생명 자체가 생명이 될 수는 없어요. 한 낱생명이 생명의 한 부분으로 기능하기 위해서는 온생명의 나머지 부분, 즉 '보생명'이 같이 있어야 합니다. 아까 든 예에서 보다시피 산소를 비롯해 필요한 모든 물리적 요소들과 다른 여러 참여자(낱생명)들이 이 낱생명의 보생명이 되겠죠.

같이 있다는 것은 단순히 공존하는 것이 아니라 굉장히 복잡한 상호작용을 해야 하는 것이에요. 그래서 생존유지의 관건은 여타 참여자들과의 성공적인 관계맺음입니다. 내부와 외부, 안쪽과 바깥쪽 사이에 밀접한 관계를 유지하며 서로 반영해야 해요. 여러 가지 정보와 변화도 계속 받아들여야 하죠. 그래서 온생명 안에 있는 개체들은 필연적으로 '지성'을 가져야 합니다. 그중에 가장 높은 지성을

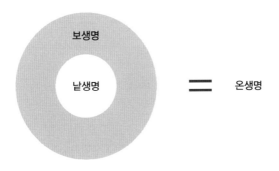

가지고 있는 존재가 인간이죠.

또 한 가지 놀라운 사실은 어느 정도 단계 이상의 지성을 가지게 되면 이 낱생명이 주체성을 가진다는 거죠. '내가 나다'라는 인식을 내부에서 느껴요. 여러분들이 지금 날 보면 내 몸이라는 물질이 움직이는 거죠. 내 정신이 보여요? 아니죠. 하지만 내가 내 팔을 들어올릴 때, 내가 올리고 싶어서 올리는 거예요. 그렇다고 물리법칙을 거역해서 올리는 건 아니지요. 나와 물리 현상이 둘이 아니에요. 내적으로는 내 주체가 하는 일이고 밖에서 보면 물리적 현상이 돼요. 이러한 주체적 양상은 주체가 된 자만이 의식할 수 있다는 특성을 가지고 있어요. 그래서 '삶'이라고 하는 건 뭐냐? '복합질서(온생명)의 참여자(낱생명인 인간)의 주체적 양상'이에요. 주체적 양상이 없으면 삶이란 말을 못 써요. 그냥 기계가 돌아가는 거죠. 컴퓨터가 돌아가는 것과 마찬가지예요. 그러나 주체가 생기면 그걸 삶이라고 해요. 내가 주인이 돼서 살게 되는 거죠. 나라는 것은 삶의 주체가 주체로서의 자신을 지칭할 때 쓰는 말이에요.

'나'의 동심원적 구조

온우리

우리

나

실제로 우리는 세 가지 동심원적인 삶을 살고 있어요. 가장 작은 '나'가 있고 다음에 공동체로서의 '우리', 다음에 '온생명으로의 우리, 곧 온우리'가 있어요. 이게 한 덩어리예요. 그래서 온우리까지를 '나'라고 하는 거예요. 이 세 가지 '나'가 우리 안에 공존하고 있어요. '나'를 중시할 수도 있죠. '우리'를 중시할 수도 있고 '온우리'를 중시할 수도 있죠. 사람에 따라서 차이가 있는데 '나'만을 중시하는 사람들은 옛날부터 소인(小人)이라고 불렀어요. 한편 '우리'를 중시하는 분들이 있죠. 국가가 더 중요하다, 민족이 더 중요하다, 또는 인류를 위해서 내 목숨 바친다, 이런 분들을 군자(君子)라고 합니다. 그러나 이런 사람까지 있습니다. '온생명의 몸이 곧 나다', 바로 성인(聖人)들입니다. 이런 사람은 드물죠. 부처나 예수 같은 분들이죠.

그러면 온생명도 의식을 가진 주

작은 '나' 중심의 구조(小人)

공동체 중심의 구조(君子)

'온생명' 중심의 구조(聖人)

체일까요? 주체에 관한 가장 명백한 증거는 주체적 주장 자체입니다. 왜냐하면 내가 나라고 얘기한 것 외에는 주체를 증명할 방법이 없기 때문입니다. 온생명 안에서 스스로를 온생명이라고 느끼는 어떤 존재가 있다면, 이것이 곧 온생명이 주체의식을 가진다는 분명한 증거가 되는 겁니다.

우리의 온생명은 40억 년 동안 성장해서 지금까지 왔어요. 우리 온생명 테두리 안에는 바탕질서가 되는 태양과 지구, 물과 공기, 그리고 생태계 안의 모든 생명체가 포함되어 있습니다. 이게 우리 온생명이에요. 이것들이 함께 있으면 생명이 되고 헤어지면 생명이 못돼요. 이 안에 사람이 나타나고 또 일부 사람들은 인간의 집합적 지성을 통해 온생명이 진정한 자신의 몸임을 알게 되었지요. 하지만 온생명을 자신이라고 의식하는 사람은 아직 소수에 불과합니다. 온생명의 신체인 지구상에 여러 변화를 일으킬 수 있는 힘, 다시 말하면 권력으로 현실을 움직이고 있는 대다수 사람의 의견은 아직 여기에 미치지 못하고 있습니다. 그래서 온생명이 지금 주체로 깨어나고 있지만 이 주체의식에 따라서 그 몸을 움직일 단계는 아직 못 된 것입니다. 지구상의 모든 일은 결국 온생명 주체의 의사에 따라 움직여야 하는데, 그것을 실제 움직이는 사람들은 자기가 온생명이라는 걸 모르고 움직이고 있지요. 그래서 아직은 이 온생명이 깨어나는 단계다, 저는 이렇게 보고 있어요. 마치 새벽에 깼는데 아직 몸이 안 움직여지는 이런 단계이지요. 만약에 모든 사람들이 '온생명이 나다' 하고 새롭게 자각하고 온생명으로서 주체적 삶을 산다면 이

것은 가히 우주사적 사건이 될 거예요. 역사적 사건이라고 부르기엔 너무나 커요. 40억 년 만에 처음 나타나는 일이니까. 우리는 100년, 200년 만에 나타나는 사건을 역사적 사건이라 하지만, 이것과는 비교가 안 되지요.

그런데 지금 우리 생명에 문제가 생겼어요. 30만 년 전 이래 포유류가 급격한 멸종을 겪고 있습니다. 이대로 가면 몇백 년 안에 모든 생물종이 멸종될 위기입니다. 이것은 역설적인 상황이에요. 우리 온생명이 태어난 지 40억 년 만에 드디어 지성과 자의식을 갖춘 진정한 삶의 주체로 떠오르려는 시점에, 그 주체가 되리라 기대되는 인간이 암세포가 되어 오히려 온생명의 생존을 위태롭게 하고 있다는 거죠. 인간이 두 기능을 동시에 하고 있는 거예요. 온생명을 의식하는 주체도 인간일 수밖에 없는데, 암세포가 되어 온생명의 생리를 망치는 것 또한 인간이라는 거죠. 한 가지 희망이 있다면, 일부 인간이 이 난국을 헤쳐 나가려 애쓰고 있다는 점입니다. 이 일부 인간 가운데에는 오늘 여기 오신 여러분들이 포함되겠지요? 그렇기를 진심으로 희망합니다. 이러한 이야기들이 아까 말한 근원적인 물음, 곧 '나는 어떠한 세계에 있는 어떠한 존재이며, 그렇기에 나는 어떠한 자세로 어떻게 살아가야 하는가?'에 대해 어떤 실마리가 되셨으면 합니다만, 이것은 근본적으로 여러분 한 분 한 분이 직접 풀고 확인해 나가야 할 문제입니다. 그리고 이 문제의 답을 추구한다는 것은 그만큼 더 보람되고 복된 삶을 만들어 간다는 뜻이기도 합니다. 우리 앞에 놓인 노년은 이러한 기회를 우리 모두에게 제공하고 있습니다.

온생명이 40억 년 만에 스스로를 의식하기 시작했다는 증거는 무엇인가요?

우리 안에 "내가 온생명이다."라고 느낀 사람이 나타났다는 게 증거죠. 저는 그렇게 생각하고 있고 저 외에도 성인들, 위대한 깨우침을 얻었던 사람들은 직관적으로 그걸 느꼈던 사람들이에요. "그런 분들은 현재가 아니라 이미 몇천 년 전부터 있었던 것 아니에요?"라고 물으실 수 있는데 40억 년에 비하면 그 몇천 년은 그리 긴 시간이 아니죠. 현재나 마찬가지예요. 그래서 40억 년 만에 처음이라고 하는 거예요.

나이가 들수록 중요한 것이 보인다고 말씀하셨는데 선생님께서 보시기에 지금 인생에서 가장 중요하다고 생각한 것은 무엇인가요?

아까 제가 말씀드렸죠. 나는 어떤 세계에 있는 어떤 존재이고 그래서 어떻게 살아가야 하는가에 대한 좀 더 확실한 답을 찾는 것, 그것이 제일 중요하다고 보고 있어요.

혼자서 공부를 하다 보면 내가 하는 게 맞는지 의문이 생길 때가 있는데 주위에

마땅히 의견을 구할 사람이 없다면 어떻게 극복해야 하나요?

요즘은 정보가 많이 있어요. 정보를 찾을 수 있고 알 만한 사람을 찾아갈 수도 있고요. 그랬는데도 안 되면 정말 좋죠. 왜? 노벨상을 받을 수 있기 때문에. (좌중 웃음) 모든 답이 이미 있는 게 아니에요. 없는 답을 찾는 사람도 있어요. 거기에 도전할 수 있죠.

매일매일 어제보다 오늘이 더 보람되다고 하셨습니다. 특별한 노하우가 있으신지요?

공부하는 것입니다.

아름답게 나이 들기 위해 후배들에게 해주실 조언이 있으신지요?

좋은 습관을 강조하고 싶어요. 매일매일 좋은 삶을 살아가기 위한 좋은 습관을 기르세요. 오늘 여러 가지를 얘기했었죠?

학문, 예술, 봉사 등을 지향하는 삶을 권하셨는데, 결론적으로 변화에 유연하게 살아가라는 말씀으로 이해하면 될까요?

우리가 혼자 사는 건 아니지요. 우리가 제대로 산다는 것은 우리 주변과 내가 조화롭게 산다는 거죠. 그러면서 내가 할 수 있는 일에 최선을 다해서 도를 얻고 죽기 전에 써놓고 가면 좋겠죠. 써놓고 가야 한다는 말을 한 이유가 그거예요. 나 혼자 사는 게 아니기 때문에 내가 아무리 좋은 걸 깨달아도 이걸 알리지 않으면 우리 전체에게는 큰 의미가 없어요.

남경아

/서울시 인생이모작지원단장

100세 시대, 일과 삶의 재구성

베이비붐 세대를 위한
새로운 일자리

1969년 출생. 희망제작소에서 '4060 세대'의 새로운 인생을 지원하는 해피시니어 프로젝트를 진행하며 다양한 사회공헌 일자리 모델을 발굴·육성하였다. 전 세계 '50+ 세대'의 혁신적인 도전 사례와 콘텐츠를 국내에 적용해 왔다. 현재 서울시 인생이모작지원단장으로 일하고 있다.

그는 50~60대 시기가 청소년기처럼 새로운 탐색을 거쳐야 하는 기간이 되었고, 일자리에 대해서도 근본적인 인식 전환이 필요하다고 강조한다. "이제 일자리라기보다는 '일거리', '일감'을 찾는 게 중요해요. 여성이든 남성이든 퇴직을 한 후에 갖는 일은 전반기 일의 개념과 달리 하나의 직업에 올인하지 말고 다양한 일거리, 일감을 구한다는 생각으로 접근해야 합니다."

서울시 인생이모작지원단장을 맡고 있는 남경아라고 합니다. 반갑습니다. 100세 시대를 체계적으로 준비하기 위해 서울시가 2015년 1월 1일자로 전국에서 유일하게 '인생이모작지원과'라는 행정부처를 만들었어요. 행정부처를 별도로 만들고 저와 같은 민간 전문가들을 중심으로 인생이모작지원단이라는 걸 만들었습니다.

오늘은 제가 10여 년 정도 만나왔던 분들의 얘기를 사례 중심으로 들려드릴 거라서 편하게 같이 들어주시면 됩니다. 제가 부탁드리고 싶은 건요, 지금 여러분 나이에 0.7을 곱해주세요. 0.7을 곱하신 나이가 100세 시대를 살아갈 여러분들의 진짜 나이가 됩니다. 실제로 우리가 100세인의 삶을 살고 있지만 지금까지 경험한 삶은 모두 인간 수명 70세 시대에 맞춰져 있기 때문이에요. 예를 들면 현재 70대인 사람은 과거의 50대와 같은 삶을 살고 있다고 많은 노년학자

들이 얘기를 하거든요. 0.7을 곱하니까 굉장히 신나죠? (좌중 웃음)

'제2성인기'

전 세계 많은 노년학자들이 한국 사회의 고령화 속도에 대해 '가히 혁명적'이라고 얘기를 합니다. 고령화 비율보다도 그 속도에 주목한 이야기인데요. 유럽 국가들은 100년, 적어도 70~80년 걸려서 '고령화사회'에서 '고령사회'로 진입했던 반면 우리나라는 불과 15~18년 만에 노인 인구가 급격히 성장하고 있기 때문이에요. 사실 고령화 비율로만 따지면 가까운 일본이 전 세계에서 가장 높은 나라 중 하나거든요. 이미 '초고령사회'에 진입했다고 할 수 있죠. 이런 일본도 고령화사회에서 고령사회로 진입하는 데 24~25년이 걸린 것을 우리는 15~18년 만에 해치우고 있어요(전체 인구 중 65세 이상 인구가 차지하는 비율이 7% 이상이면 고령화사회, 14% 이상이면 고령사회, 20% 이상이면 초고령사회라고 한다).

호모 헌드레드(Homo Hundred), '100세 시대'가 도래했음은 UN이 이미 2009년에 선포한 것이에요. 앞으로 전 지구인이 100세인의 삶을 살 날이 머지않았다는 겁니다. 현 노인복지법에 노인은 65세 이상으로 규정되어 있는데요, 이게 1880년대에 정한 겁니다. 평균수명이 50이 안 됐을 때에 65세 이상을 '시니어', '노인'이라고 규정한 거죠. 지금 평균수명이 두 배나 늘어났는데 기존의 생애주기를 고수하는 게 적절한가에 대한 논의는 이미 10여 년 전부터 진행되어 왔습니다. 우리가 흔히 얘기하는 아동기 – 청소년기 – 성인 전기 – 성인 후기 – 노년기라는 구획이 새로운 생애주기의 단계와 맞지 않는다는 거예요. 지금 우리 사회의 사회·문화·제도적 시스템은 평균수명 60~70세 때 만들어진 것이기 때문에 100세인의 삶을 살아내기 위해서 앞으로 우리 사회에 대대적인 변혁이 일어날 수밖에 없습니다. '5060' 시기를 성인기도 아닌 노년기도 아닌 별도의 구획과 영역으로 볼 필요가 있습니다.

생애주기가 하나 더 생긴단 말이야? 별도의 영역과 구획이 새로 생긴단 말이야? 이게 굉장히 큰 일 같지만 사실 청소년기가 등장했을 때도 그랬습니다. 과거 조선시대를 생각해 보세요. 10대에 다 결혼했잖아요. 그래서 청소년기라는 게 없었습니다. 청소년기가 생겨난 건 산업혁명 후 사회·문화가 변하면서 노동시장 진입이 늦어지고 결혼 연령도 20대로 늦어지면서였어요. 아동기와 성인기 사이에 긴 기간이 생겨난 거예요. 마찬가지로 100세인의 시대에도 '50+', 대략 50대에서 60대 언저리에 계신 분들을 위한 별도의 명명이 필요하다는 겁니다.

학자들은 이 시기를 여러 가지로 명명하고 있어요. 'the third stage(세 번째 무대)', 'the third age(세 번째 인생)', 'the third chapter(세 번째 장)' 등의 언어로 표현하고요. 제가 오늘 얘기할 미국의 혁신기관에서는 '앙코르 커리어'라고 얘기해요. 최근 국내 민간 연구소(희망제작소)가 발표한 보고서에서는 이 시기를 '제2성인기'라고 부르고 있습니다. 지금 여러분들 나이에 0.7을 곱하셨기 때문에 다 이 시기에 해당되실 거고, 오히려 해당이 안 되는 젊은 분들도 계실 거예요.

앞으로 40~50대가 되면 누구나 받아야 하는 의무교육 같은 게 생길 수도 있어요. 일본에서는 실제로 이런 시도들이 일어나고 있습니다. 청소년기와 굉장히 유사하다고 보시면 되는데요. 청소년기에는 진로 탐색의 기간이 반드시 필요하기 때문에 중학교 2학년 학생들의 경우 시험을 보지 않고 집중적으로 진로를 탐색하는 자유학기제 같은 것도 도입이 됐어요. 이 5060 시기가 바로 제2의 자유학기제 같은 시기라는 거예요. 학교로 치면 학제 자체가 개편되는 거죠. 대대적인 사회구조의 변화가 일어날 수밖에 없겠죠. 이때의 탐색은 새로운 학습이나 경험, 새로운 관계망을 통해서 가능합니다. 이 새로운 전환기에 탐색을 얼마나 잘 했느냐가 남은 40~50년을 어떻게 보내게 될지 결정한다고 많은 학자들이 얘기하고 있습니다.

50+를 위한
정부와 기업의 탐색 지원

이러한 탐색 시기를 지원하기 위해서 기업들의 사회적 책임이 훨씬 더 강조돼야 합니다. 서울시 50+ 정책의 중요 미션 중 하나도 기업의 사회적 책임을 강조하는 것인데요. 한국 사회는 OECD 국가 중 평균 퇴직 연령이 가장 낮은 국가입니다. 전국 통계는 54세, 서울 통계는 52.6세로 나와요. 그런데 통계상 52.6세라는 건 40대 중후반부터 쏟아져 나온다는 거예요. 따라서 기업들이 이분들을 책임감 없이 내보내기만 할 게 아니라 제2의 인생에 잘 안착할 수 있도록 1~2년 동안 체계적인 프로그램을 진행할 필요가 있죠.

글로벌 다국적 기업인 IBM이나 인텔 같은 경우 퇴직을 앞두고 있는 자사 직원들을 1~2년 정도 공익단체나 사회적 기업, 협동조합에 미리 파견해서 문화적으로 적응할 수 있도록 지원해줍니다. 그 기간 동안 회사가 안정적인 급여를 제공하고요. IBM은 2008년부터 이 프로그램을 진행하고 있습니다. 효과가 굉장히 커요. 저 역시 2010년에 이 모델을 국내의 한 기업에 제안했습니다. 은행권이었는데 2010년만 하더라도 인식이 부족해서 잘 되지 않았어요. 지금은 한화생명에서 일부 이런 모델을 지원하고 있습니다.

앞서 잠깐 말씀드렸는데 일본은 대학에서 이런 준비를 체계적으로 잘 하고 있어요. 도쿄의 릿쿄대학교가 대표적인 사례인데요. 명칭은 '릿쿄 세컨드 스테이지 컬리지(Rikkyo Second Stage College)'입니다. 이 릿쿄 세컨드 스테이지 컬리지 부총장님이 서울시 컨퍼런스에 오셔서 강의를 한 적이 있습니다.

이곳의 커리큘럼은 6~8회 정도 진행되는 단발성 강좌가 아니에요. 말 그대로 대학에 재입학해서 1~2년 과정을 거치고 캠퍼스도 재학생들과 공유합니다. 학점도 똑같이 이수하고 시험도 보고 논문도 쓰고 방학 때는 기숙사 생활도 해야 해요. 무엇보다도 지역사회 참여, 지역사회 자원봉사 활동이 의무 과정입니다. 인생 후반기에는 동네에 머물 시간이 많아지기 때문입니다. 교과목도 고령화사회의 교양 과목군, 세컨드 스테이지 설계 과목군, 커뮤니티 디자인과 비즈니스 과목군, 여덟 개의 세미나 및 논문 영역으로 구성되어 있어 체계적으로 잡혀 있습니다.

당사자 주도의
노년 문화

이러한 변화에 발맞추어 새로운 노년 담론도 형성되어야 합니다. 20대 청년들을 생각할 때 청년 문화도 함께 떠올릴 수 있죠? 그런데 노년 문화라고 하면 떠오르는 것들이 있으세요? 아직은 노년을 이야기할 때 뭔가 어둡고 부정적이고 음울한 분위기가 지배적인 게 사실입니다. 여기에는 미디어나 사회구조적인 여러 가지 원인이 있겠죠. 하지만 앞으로의 100세 시대에는 노년 문화가 굉장히 중요합니다.

얼마 전 서울시에서 50+ 사업 관련해서 공청회를 했어요. 그때 청년을 대표해서 서울시의 '청년허브' 센터장이 나와서 이런 말을 했어요. "20대는 20대 문화가 있는데 50대, 60대, 70대 노년 문화는 무엇입니까?" 이 도발적인 질문을 하면서 그 센터장이 하고자 했던 말은 자기들이 보고 희망을 가질 수 있는 노년의 모습이 되어달라는 거였어요. 현재 세대 통합, 세대 간의 갈등을 해결하자는 취지로 청년 세대에게 시니어 세대가 갖고 있는 자원을 지원해주거나 인생의 멘토가 되어주는 방법 등으로 교류가 이루어지고 있는데요. 이런 방식은 엄밀히 말해서 교류는 있지만 '교감'은 없다는 거예요. 물질적으로 도와주고 그때그때 조언해주는 것보다도 청년들이 정말 바라는 것은 '그래. 내가 지금은 좀 어려워도 10년, 20년 후의 모습이 이웃집 어르신 같을 수 있겠구나' 하는 희망이라는 거죠.

우리가 귀가 따갑게 들었던 얘기 중 하나가 "나처럼 살지 마라."라는 얘기였죠. 그런데 계속 이런 말씀만 하시면 한국 사회에 희망이 없다는 거예요. 이런 얘기를 듣고 싶은 거죠. "그래, 엄마아빠는 돈은 좀 없어. 하지만 나처럼 사는 것도 하나의 방법이야." 이런 얘기를 청년들은 듣고 싶다, 그게 바로 청년들에게 희망을 주는 거다, 멀리서 찾고 싶은 게 아니라 바로 내 이웃의 어르신들로부터 그 모습을 찾고 싶다, 그러니 제발 다양한 노년의 모습을 좀 만들어 달라는 얘기였습니다. "나이 50이 되니까 이렇게 즐겁네. 나이 60이 되니까 이렇게 재미있는 게 있어. 나이 70이 되니까 또 이런 게 좋네." 이런 걸 많이 보여 달라는 거예요.

그런데 지금까지 노년 문화는 굉장히 타자화되어 있었죠. 또 현재 '신노년 담론'이라고 불리는 '액티브 시니어(active senior)'는 경제적 생산성에 초점이 맞춰져 있어요. 노년에도 건강해야 하고 소득도 어느 정도 있어야 한다면서 노후자금으로 9억, 10억을 얘기하고 보험회사는 공포 마케팅을 해요. 서점에 나와 있는 책들도 대부분 학자나 연구자들이 쓴 것이고, 노년 당사자들의 시각에서 진솔하게 적어

"그래, 엄마아빠는 돈은 좀 없어.
하지만 나처럼 사는 것도 하나의 방법이야."
이런 얘기를 청년들은 듣고 싶다,
그게 바로 청년들에게 희망을 주는 거다,
멀리서 찾고 싶은 게 아니라 바로
내 이웃의 어르신들로부터 그 모습을 찾고 싶다,
제발 다양한 노년의 모습을
좀 만들어 달라는 얘기였습니다.

나간 일상의 얘기는 그리 많지 않습니다.

어떻게 하면 노년 당사자들이 주도하는 노년 문화가 만들어질 수 있을까요? 저는 청년 세대의 담론, 청년 운동을 보면서 힌트를 얻는데요. 우리 사회가 IMF 이후에 굉장히 어려워지면서 그 피해를 청년 세대가 가장 직접적으로 봤어요. 그러면서 청년 담론들이 생기기 시작하는데 그때 문제를 제기한 건 당사자들이 아닌 기성세대들이었죠. 잘 아시는 '아프니까 청춘이다'나 '88만원 세대' 같은 얘기들인데요.

그런데 2010년을 기점으로 이런 분위기가 변화하기 시작해요. 청년들이 모이기 시작합니다. 목소리를 내기 시작해요. "정부나 지자체에서 해결해줄 수 없다면 우리 문제를 스스로 해결해보자." 청년들의 불안정한 고용 문제를 해결하기 위한 '청년유니온'이 생기고요. 주거 문제 해결을 위해 '빈집 운동', '빈방 운동'들도 생기고요. 자기들끼리 협동조합을 만들어서 학자금 대출문제를 해결하는 '토닥토닥 협동조합'도 생겨요. 최근에는 '집밥 프로젝트'도 생겼어요. 청년들만의 커뮤니케이션 공간이 생기기 시작하고 이게 일상과 밀접한 형태로 번지기 시작합니다. 그래서 지금은 다양한 청년 세대의 움직임이 있어요.

기성세대들은 뭘 시작하면 일단 단체부터 만들죠. 회장 뽑고 부회장 뽑고 조직부터 만들어요. 그런데 청년들은 그러지 않더라고요. 굉장히 유연한 형태로 실행합니다. 모였다 흩어졌다 자유로운, 일정한 틀을 갖추지 않은 커뮤니티 형식을 취하고 본인들의 목소리를 직접 내다보니 아주 구체적이고 실천적인 접근을 할 수 있습니다. 이런 특징들이 지금 한국 사회에 쏟아져 나오기 시작하는 5060 베이비붐 세대의 문제에 접근할 때 중요한 팁이 됩니다. 정부에서는 임금피크제, 정년 연장 등의 정책만 이야기하는데 사실 당사자 주도의 운동이 더 중요하죠.

저는 이런 부분들을 문화의 영역으로 봅니다. 사실 정책으로 해결할 수 있는 게 많지 않아요. 정부나 지자체에서 노령 연금 제도 등 아무리 좋은 정책을 실시한다고 해도 직접적인 우리 삶에서는 그 체감도가 낮아요. 결국 노년의 삶의 질을 결정하는 것은 각자의 노력과 우리끼리의 문화입니다.

일에 대한
인식의 전환

인생 후반부의 삶은 '전환, 준비, 조화'가 중요합니다. 일의 전환, 생각의 전환, 라이프 스타일의 전환이 필요하겠죠? 또 체계적인 준비가 필요하고요. 어떻게 체계적으로 준비하느냐는 제가 처음에 말씀드렸어요. 탐색의 시기가 절대적으로 필요하다, 그리고 그 탐색은 새로운 학습과 경험과 관계망을 통해서 이루어지는 거라고 말씀드렸고요. 마지막으로 우리가 조화로운 삶에 대해서 반드시 성찰하면서 살아야 한다고 봅니다. 그동안 너무 머리만 쓰고 살아왔던 분들이라면 손과 발을 움직이는 활동거리에도 집중하셨으면 좋겠고, 그동안 나와 가족에만 집중하셨다면 이제는 이웃과 공적인 삶까지 조금 더 생각을 하시면 후반부의 삶이 풍요로워질 거예요.

이제부터 본격적으로 일에 대해 이야기해보죠. 한국 사회에서, 특히 인생 후반전에 일에 대한 인식이 바뀌지 않으면 다 소용이 없는데요. 제가 10여 년 동안 만났던 2,000명 정도의 4060 세대들을 생각해보면 일에 대한 인식 전환이 잘 되지 않더라고요. 한국 사람만 그런 게 아니라 동북아권의 특징이라고 해요. 특히 한국, 중국, 일본 사람들은 '손발이 움직이는 한 일해야 한다.' 이런 생각을 많이 하는데요. 저는 발상의 전환을 할 필요가 있다는 말씀을 거듭 드립니다.

이제는 하나의 직업으로 자기의 인생을 설명할 수 없는 시대가 왔습니다. '노마드(nomad) 일자리'라고 얘기해요. 노마드는 떠돌아다니는 유목민을 얘기하잖아요. 완전고용체제에서 일했던 과거는 베이비붐 세대 전반기에 이미 끝났다는 거죠. 한국 사회도 IMF를 겪으며 완전고용이 완전히 무너졌고 이는 전 세계적인 추세입니다.

저는 이 자리에서 사회구조적 문제는 접어두고 개인에 대한 얘기로 한정해서 말씀드리려고 해요. 개인들의 사고도 변하고 있습니다. 하나의 직업으로 100세인의 삶을 사는 것은 불가능하다는 거죠. 이렇게 빠르게 변하는 정보화 시대, 기계가 사람의 노동을 대체하는 시대에 하나의 직업에 올인해서 전문성을 갖기는 어려워요. 사회적으로도 그 욕망을 품어줄 수 없고 개인적으로도 그 욕망을 채울 수 없습니다. 그래서 앞으로는 누구나 적어도 두세 번 전직을 할 거라는 거예요.

그런데 여기서 말하는 전직은 동일 직종에서의 움직임을 얘기하는 게 아니라 아예 다른 영역으로의 움직임을 의미합니다. 인생 전반기에는 교사였다가 후반기에는 사진 촬영가가 될 수도 있고 작가가 될 수도 있어요. 누구나 적어도 두세 개 직업을 갖게 될 것이라고 예측한 일본 사회는 정부 차원에서 '2전직 4학습체제'라는 걸 만들었습니다. 두 번 정도 이직을 하게 된다면 중간에 체계적인 직업훈련 교육이 필요해지기 때문에 일찍부터 정부 차원에서 제도적으로 준비를 한 것입니다.

일자리라는 개념에 대해서도, 이제 일자리라기보다는 '일거리', '일감'을 찾는다고 생각하셔야 합니다. 여성이든 남성이든 퇴직을 한 후에 갖는 일은 전반기 일의 개념과 달리 하나의 직업에 올인하지 말고 다양한 일거리, 일감을 구한다는 생각으로 접근해야 합니다.

사실 노후에도 일에 대해 고민하는 이유는 소득 걱정 때문이잖아요. 노후에 어떻게 먹고 살까? 이게 가장 걱정이죠. 금융권에서는 노후자금 9억, 10억을 얘기하니까 이 정도 안 갖고 있는 사람은 당연히 불안하고 100살까지 살아야 하는데 이거 어떻게 하나 싶죠. 사실은 정부 차원에서 소득 보장 정책, 사회 보장 정책, 특히 연금 정책이 개혁적으로 많이 바뀌어야 하는 문제입니다. 이 부분에 대해서 오늘 제가 얘기하진 않을게요.

조금만 발상의 전환을 하면 어느 정도 해결할 수 있는 탈출구가 있습니다. 한겨레 논설위원 김선주 선생님은 '100km 남하론'을 말쓸하셨는데, 퇴직하고 10년에 한 번씩 100km 남하하면 노후의 많은 문제가 해결된다는 거예요. 이해되세요? 내가 서울 강남 지역의 아파트를 고수하는 순간 답이 없어요. 10억으로도 부족할 수 있는데 강남에서 100km 떨어진 곳으로 이사 가면 주택 값이 절반 이하로 낮아지고 소비도 줄게 되어 있죠. 옆으로 가든 밑으로 가든 10년에 100km씩만 남하하면 노후자금 9억, 10억 문제는 모두 해결될 수 있다는 얘기예요.

저는 이게 굉장히 현실적인 얘기라고 생각해요. 저도 서울에서 나고 자라다가 전세 값을 감당하지 못해서 3년 전에 경기도 고양시로 이사했어요. 경기도도 집 값이 비싸다고 하지만 서울에 비하면 훨씬 싸요. 대출금이 확 줄더라고요. 고정비용이 절약되는 거죠. 만약 10년 후에 고양시로부터 50km 밑이나 옆으로 가면 거기서 또 얼마가 저축될 거예요. 이런 식으로 인식을 전환하면 다른 가능성들이 열리겠죠.

'사회공헌 일자리'

마크 프리드먼(Marc Freedman)이라는 분이 계세요. 미국의 유명한 사회적 기업 앙코르닷오르그(Encore.org)의 혁신가입니다. 이분의 책 《앙코르(Encore)》가 국내에서 번역되면서 '앙코르 커리어' 개념이 소개되었고 이를 고용노동부에서 '사회공헌 일자리'라고 번역했다고 보시면 되는데요. 사회공헌 일자리는 인생 후반기의 대안적 일자리 모델로 떠오르고 있어요. 사회공헌 일자리란, 적정 소득과 사회공헌, 개인적 성취감이 조화를 이루는 일자리를 뜻합니다. 이미 2010년부터 고용노동부에서 제도화해서 실시하고 있어요. 사례를 보시면 더 쉽게 이해하실 수 있어요.

전직 초등학교 선생님의 현재 명함

미국의 바바라 훼이라는 분의 사례를 소개해드릴게요. 이분은 초등학교, 유치원 선생님으로 10년 일하시고 이후 컴퓨터 회사에서 다시 10년간 홍보 담당으로 전반기 인생을 사셨죠. 현재 이분이 갖고 있는 명함을 보시면요.

바바라 훼이의 현재 명함

메인(Maine) 주 오두막 커뮤니티 이사

비원어민들 대상 영어 선생님

유치원과 초등학교 저학년 영어 담당 보조 선생님

씨드베리 지역사회 여성 투표자들의 모임 언론 홍보 담당자

씨드베리 정원 클럽 이사

일곱 손주들의 할머니

비원어민의 영어 선생님으로도 일하고 유치원, 초등학교 저학년 보

조 선생님으로도 일하고요. 여성 투표자들 지역 모임의 언론 홍보 담당자, 정원 클럽 이사, 그리고 일곱 손주들의 할머니죠. 문화적 차이도 있겠지만 이 명함은 이분의 노년기 정체성을 드러내고 있습니다.

최근에는 한국 사회에도 이런 모델이 많아졌습니다. 제가 소개해 드릴 분은 2015년 11월 16일자 〈이코노미스트〉 기사에도 크게 소개되었던 서울 영등포구 문래동의 '최반장 늘청씨'라는 분이에요. 지금은 번화한 아파트 단지도 들어섰지만 문래동은 원래 오래된 철공소 중심으로 문화예술인들이 많이 거주하면서 다양한 실험을 하는 재미난 동네예요. 문래예술창작촌도 있어요. 이분은 기업은행에서 30년 넘게 일하시고 지점장으로 퇴직한 분이세요. 그런데 20년 동안 문래동에 살면서 한 번도 동네를 다녀본 적이 없었대요. 집과 회사만 왔다 갔다 했던 거죠.

퇴직하고 나면 동네에 있는 시간이 많잖아요. 처음에는 낚시 가고 친구들 만나고 했는데 몇 달 안 지나 지겨워서 못 살겠더래요. 그래서 동네에서 하는 작은 모임부터 나가기 시작했는데, 그게 계기가 돼서 지금은 문래동에서 없어서는 안 될 '최반장'이세요. 이분의 명함을 들여다보면 전직 은행 지점장, 지금은 서울환경운동연합 집행위원, '우리 동네 햇빛발전소' 협동조합 창립위원, 사단법인 '예술과 마을' 감사, 본인이 만든 주식회사 '안테나' 이사, 이야기 채록사 협동조합 이사로 활동하고 계시다는 걸 알 수 있어요. 이렇게 일한 지한 2~3년 정도 되셨는데요.

이분 소득이 지금 월 100~150만 원 정도 된다고 합니다. 여기저기 강의 요청도 많이 오고, 문래동이 예술창작촌으로 유명해지니까 찾아오는 사람들이 많은데 동네를 잘 모르다 보니 선생님한테 관광 가이드를 요청한대요. 그래서 SNS를 통해서 관광 가이드 접수를 꽤 많이 받고 활동비를 버신대요. 이분이 이 활동을 10년 한다고 생각해보세요. 우리가 인생 후반전의 일에 대한 설계를 할 때 이런 식으로 사고할 필요가 있습니다. 이 시기의 일은 재취업의 개념도 있지만 취미로 시작했다가 소득으로 연결되는 경우가 많아요.

희망제작소의 행복설계 아카데미

제가 오늘 이 자리에 오게 된 계기를 거슬러 올라가면 2006년입니다. 2006년에 지금 서울시장이신 박원순 변호사가 희망제작소라는 민간연구소를 만드셨는데요. 박원순 당시 상임이사가 '나중에 꼭 신노년층을 위한 사업을 하리라'고 마음먹게 만들어준 분이 바로 독일의 '원유로맨'입니다.

박원순 변호사가 2004년에 독일 애버트 재단 초청으로 3~4개월 정도 독일에 가신 적이 있는데 그때 루거 로이케(Rudger Reuke)라는 분을 만나셨다고 해요. 이분은 우리로 따지면 퇴직 공무원이었어요. 독일 연방 정부에서 오랫동안 일하고 퇴직한 후 '저먼 워치(German Watch)'라는 국제 원조 기구에서 일을 합니다. 이분이 박원순 변호사를 만나서 이런 말을 했어요. "나는 아침마다 이렇게 출근할 수 있어서 좋고 젊은이들과 일할 수 있어서 좋고 이 일이 공익적인 일이어서 즐겁다. 그래서 나는 움직이는 한 계속 이 일을 할 거다. 나는 연금을 받고 있기 때문에 이 단체에서는 1유로만 받고 일한다." 그래서 이분이 독일 사회에서 '원유로맨'으로 불린다고 해요.

박원순 변호사가 이 사람을 만나고 '그러고 보니 내 친구들도 퇴직한 사람이 많고 주변의 선배들도 소일거리로 산에 다니고 하지만, 잘찾아보면 한국판 원유로맨들도 많겠구나. 프로그램을 만들어서 이런사람들을 좀 체계적으로 지원해주는 정책이 필요하겠구나. 내가 언젠가는 이 세대들의 경험과 능력을 공익적인 섹터와 연결하는 일을꼭 하리라' 하고 생각하게 되었던 겁니다. 사실 취약 계층을 위한 노인 일자리 사업은 많이 있었지만 사무직종, 화이트칼라 계층의 노후대책은 거의 없었거든요. 복지 영역이 아니라고 봤기 때문이에요.

그런 마음을 먹고 2006년에 민간 연구소인 희망제작소를 창립하면서 '해피 시니어'라는 프로젝트를 런칭합니다. 제가 바로 그 해피시니어 사업을 통해서 입사를 하게 되었고요. 이 사업을 진행하며저희가 주목했던 건 '베이비붐 세대의 경험, 능력을 계속 살려서 할수 있는 공익 활동이 없을까, 또 이를 소득 활동으로 연결시킬 수 있는 방법은 무엇일까'였습니다. 그래서 4060 시니어에 초점을 맞추어 단순 봉사보다는 경험과 능력의 연장선상에서 일할 수 있는 프로젝트를 진행했습니다.

2006년만 하더라도 베이비붐 세대 문제가 수면 위로 드러났던시기가 아니에요. 2010년 정도 돼서 이 문제가 주목받게 되었죠. 그래서 처음 사업을 시작했을 때는 벤치마킹할 모델이 없었습니다. 그렇다보니 제가 직접 아까 소개해드린 앙코르닷오르그도 가고 일본,

프랑스 등 해외 여러 곳에 벤치마킹 조사를 다녔어요. 모델이 많이 없었어요. 그나마 앙코르닷오르그가 저희가 하고 싶은 사업을 구현한 유일한 기관이었죠.

그런 과정을 거쳐 개발한 콘텐츠가 '행복설계 아카데미'라는 프로그램이었어요. 국내 최초로 베이비붐 세대의 사회공헌 일자리에 초점을 맞춘 프로그램이었습니다. 이를 통해 천여 분 정도를 직접 만나고 상담하며 사업을 함께 진행했습니다. 강연 초반에 말씀드린 '당사자 중심의 운동'을 그분들과 실현해본 거예요. 교육은 저희가 기획해서 진행했지만 그 이후 활동은 이분들이 직접 하셨고 저희는 지원만 했습니다. 그 결과 12개의 공익 단체를 설립했는데요. 여기에는 주식회사도 있고 비영리 법인도 있고 사회적 기업도 있어요. 몇 가지 사례를 보여드릴게요. 이 사례들이 인생 후반기의 사회공헌 일자리라고 보시면 되고 여러분들도 영감을 얻으시면 좋겠어요.

case 1. '똑뚜미'

'똑뚜미' 사례의 주인공은 행복설계 아카데미 3기셨어요. 식품회사 출신의 퇴직자이셨기 때문에 경력을 살려서 노년기에는 지방에 내려가 방앗간을 하고 싶어하셨어요. 그런데 방앗간 설비에 돈이 굉장히 많이 든대요. 억 단위가 든다고 해요. 이분도 퇴직하자마자 프랜차이즈 창업을 한 번 했다 망하는 바람에 부인이 한 번만 더 창업하면 이혼한다고 해서 못하고 계셨죠.

이분은 떡 중에서도 증편에 주목했어요. 증편은 발효떡이에요. 발효떡은 만드는 데 시간이 많이 걸려서 유명한 떡집에서도 이걸 직접 만들지 않고 다 증편만 전문으로 하는 떡집에서 떼어 온다고 합니다. 이분은 그 시장을 알고 계셨던 거죠. 증편을 만드는 기술을 배우기 위해 여기저기 찾아다니고 나름 연수도 받으신 상태였어요.

저희는 이분을 지역사회의 저소득층을 위한 일자리 창출 기관과 연결시켜드렸어요. 그래서 투자는 지역사회 복지기관의 저소득층 일자리 기금에서 하고 이분은 기획 아이템을 제공하면서 영업이사로 채용되셨죠. 식품회사 출신 전문 경영인의 마케팅 감각을 마음껏 뽐내시더라고요. "증편을 나이 든 사람들만 먹는 떡으로 만들고 싶지 않다. 요즘 대학생들은 너무 빵만 먹는데 나는 대학생들에게 증편을 먹이겠다." 이런 생각으로 증편을 머핀처럼 보이게 개발하고, 이름도 20대 감각에 맞게 '똑뚜미(talk to 米, 쌀에게 말해봐)'라고 지었죠. 디자인은 사회적 기업인 청년벤처 '애들(Addle)'에서 해준 거예요. 이 사례는 기획은 대기업 은퇴자가, 인프라 제공은 지역사회 단체가, 디자인·마케팅은 청년 사회적 기업이 한 세대통합 모델로 2010년 경향신문 사설에도 크게 소개되었습니다.

case 2. 달팽이건설

이분은 오랫동안 건설회사에 다니셨던 분이신데요. 이전부터 뚜렷한 인생관을 갖고 계셨어요. "인생을 25세 단위로 나눴을 때 1~25세까지는 배우는 시기, 25~50세까지는 열심히 일하는 시기다. 50~75세까지는 내가 하고 싶은 일을 하고 살면서 조금 여유 있게 살겠다." 이런 인생 계획을 일찍부터 세워놓고 50세 되던 때에 정말 회사를 나오셨어요. 나오자마자 직업 교육부터 다시 받으셨죠. 오랫동안 관리직에 있었으니까요. 그러던 차에 저소득층의 주거복지 사업과 관련된 사회적 기업과 연결이 되셨어요. 이미 오랫동안 준비해온 분이셨기 때문에 송파구의 저소득층을 위해 집수리를 전문적으로 해주는 달팽이건설의 상임이사로 영입되셨어요. 달팽이건설은 지금도 사회적 기업으로 잘 성장하고 있는데요. 이분이 만드신 정관이 재밌어서 가져왔어요.

1. 돈을 가장 많이 받는 사람과 가장 적게 받는 사람의 임금 차이가 두 배 반을 넘지 않을 것.
2. 이익이 나면 연말에 34%만 주주들이 나눠 갖고 66%는 좋은 일에 기부할 것.
3. 형편이 딱한 사람이 "우리 집 좀 고쳐달라"라고 사정하면 눈 딱 감고 공사비를 깎아줄 것.
4. 기술자들 일당은 무슨 일이 있어도 1주일 안에 지불할 것.
5. 이익을 10% 이상 남기지 않을 것.

이러한 철학은 사회적 기업의 전형으로 볼 수도 있는데요. 이분의 생각은 이익이 많이 나면 더 많은 고용을 창출해서 내 인생 전반기에 다녔던 회사와는 조금 다른 모습의 회사를 만들고 싶다는 거였어요.

case 3. 희망도레미

은행, 금융권에서 퇴직하신 분들도 꽤 많으시죠. 마이크로크레딧 사업이라고 혹시 들어보셨는지 모르겠는데, 무담보 무보증으로 소액대출을 해주는 거예요. 우리나라에서도 역사가 꽤 깁니다. 들어보셨음직한 기관에 미소금융재단이 있어요. 마이크로크레딧 사업이 성공하니까 이를 정부가 제도화한 게 미소금융재단이라고 보시면 됩니다.

'희망도레미'를 창업하신 분들도 금융권에서 퇴직하신 분들이에요. '은행에 있었던 경력을 살려서 뭘 해볼 수 없을까?' 해서 열두 분이 모여 300만 원씩 냈어요. 2009년에 열두 명이 300만 원씩 출자해서 만든 희망도레미가 지금은 조합원이 40명이 됐습니다. 이 40명 중 어떤 분은 상근하며 급여를 받으시고 어떤 분은 다른 일을 하시면서 건별로 컨설팅에 참여해서 수입을 얻으시는 등 자기의 처지와 욕구에 맞게 일을 하고 계세요.

case 4. 바라봄 사진관

이분은 외국계 기업에 다니시다가 퇴직을 하고 한 2년 정도는 삶의 전환기—탐색의 시간을 갖겠다며 그동안 취미로 찍던 사진을 더 공부하셨어요. 사진을 공부하다보니 이걸로 자원봉사 활동을 하고 싶다는 생각이 들어서 어느 날 저한테 오셔서 알맞은 곳을 찾아봐 달라고 하셨어요. 그래서 제가 알고 있는 장애인 복지관에 연결을 해드렸어요. 거기서 재미있게 자원봉사를 하고 계셨는데요.

어느 날 그 복지관이 체육대회를 했대요. 그런데 체육대회 중 어떤 학부모님 한 분이 선생님한테 조용히 다가와서 "우리 아이가 뇌병변 장애를 갖고 있어서 사진관에서 가족사진을 못 찍었어요. 아이가 제대로 앉아 있지도 못해서요. 선생님이 가족사진 하나 찍어주실 수 있을까요?" 하고 부탁을 했대요. 이게 이분의 삶을 바꿔 놓았습니다. '그렇겠구나. 한국에 장애우가 굉장히 많은데 장애우가 쉽게 출입할 수 있는 사진관이 없구나. 내가 장애우 전용 사진관을 한 번 만들어보자.' 그래서 사진 찍는 걸 좋아하는 동료들을 모아 천만 원씩 출자해서 성북구에 '바라봄 사진관'을 만드십니다. 지금은 합정동으로 옮겼어요. 처음에는 주식회사로 시작했다가 현재 사단법인이 되었고 이분이 사무국장으로 일하고 계십니다. 저도 매월 2만 원씩 지원하고 있어요.

성공적인 인생 후반기 일자리의 공통점

지금까지 제가 말씀드린 사례의 공통점은 다음과 같습니다.

1. 자신이 적정 시기를 정해서 계획적, 자발적으로 퇴직하였습니다. 당하는 퇴직이 아니라 내가 준비한 퇴직을 했다는 거죠.

2. 구체적인 기술을 습득하려 노력하셨습니다.

3. 지원 프로그램에 적극적으로 참가하고 새로운 인적 네트워크를 구축했습니다. 제가 탐색 기간에는 새로운 관계망이 굉장히 중요하다고 말씀드렸지요? 이전의 학연, 지연 등도 있겠지만, 뜻을 맞춰 함께 일할 수 있는 새로운 인적 네트워크를 만나는 게 중요합니다.

사실 오늘 이 자리에 오신 분들도 공통의 목적을 갖고 오셨을 거 아니에요. 이런 모임이 조금 더 발전하면 충분한 인적 네트워크를 형성할 수 있겠죠.

4. 틈새시장을 공략하여 비즈니스로 전환하였습니다.

5. 지역사회 자원과 정부 제도를 적극 활용하였습니다.

세대 공감을 위해
일하는 멘토

지금까지 노후의 일자리, 특히 사회공헌 일자리에 대해 말씀드렸습니다. 이번에는 학습과 문화 활동을 통해 세대 공감에 기여하고 계신 분들의 사례를 소개해드리려고 해요. 제가 아까 청년들의 당돌하지만 찡했던 말씀 전해드렸잖아요. 앞으로 한국 사회에서 세대 교감, 세대 통합, 세대 갈등 문제가 심각해질 겁니다. 지금 집안에서도 당장 소통이 안 되잖아요.

세대 교감이라는 건 어떻게 가능할까요? 지금까지의 여러 사례를 통해서 보면 강의나 교육으로 교감하기는 어려웠어요. 영국에는 세대 교감만을 전문적으로 추진하는 NGO나 사회적 기업들이 꽤 많은데 그곳의 연구 자료들을 보면 제일 좋은 건 서로 만나는 것이고 그중에서도 문화를 매개로 만났을 때 가장 효과적이라고 합니다.

case 1. 아름다운 서당

제가 한국 사회에서 세대 교감, 세대 통합의 모델로 자신 있게 추천하는 사례는 바로 '아름다운 서당'입니다. 목포 출신의 서재경 선생님이라는 분이 만드셨는데요. 목포에서 나고 자라서 서울의 4년제 대학을 졸업한 후 취직해서 회사를 잘 다녔습니다. 이분은 늘 '나는 사회로부터 많은 혜택을 받은 사람이다'라는 생각을 갖고 살아오셨는데, 어느 날 돌아보니 목포 출신 후배들이 취업에서 차별받고 지방대 학생들이 너무 어렵게 사는 걸 보면서 내가 퇴직하고 은퇴하고 나면 언젠가 지방대 학생들의 경쟁력을 향상시킬 수 있는 일을 하리라고 마음 먹으셨대요. 그래서 2004년에 퇴직을 하자마자 지인들을 모으기 시작합니다.

처음에는 사재를 털어 '영 리더스(Young leaders) 아카데미'라는 걸 만들어요. 지방대 학생들의 경쟁력을 높여서 정정당당하게 도전할 수 있도록 시니어 세대들이 돕자는 거였어요. 지식만 강조해서는 안 되고 조화로운 인성도 강조해야 한다는 취지에서 1년에 200권의 고전을 읽게 해요. 또 시니어들이 워낙 사회에 밝잖아요. 기업체를 경영하셨던 분만 아니라 공무원, 교사도 계시니 그 경력을 백분 활용해서 실질적인 커리큘럼을 갖춥니다. 대학에서는 가르쳐주지 않는 모의주식투자 같은 수업도 있었어요. 또 학생들이 반드시 1년에 한 달 이상은 사회를 위한 자원 활동을 할 수 있도록 하고요. 수업 커리큘럼이 굉장히 파격적이죠? 그리고 1년 동안 매주 토요일 아침 9시에서 오후 6시까지 교수와 학생들이 똑같이 앉아서 수업을 합니다.

이분들의 생각은 명확했어요. '우리가 학생들한테 돈 받고 이 일을 하는 순간 여기는 학원과 다를 바가 없다.' 그래서 교수들은 일체 무보수, 자원봉사로 일합니다. 말이 1년이지 매주 토요일 아침 9시에서 저녁 6시까지, 여름방학, 겨울방학에는 7박 8일 합숙도 해요. 이 비용을 교수들이 다 자비로 10년 넘게 진행해온 겁니다. 이름은 얼마 전에 '아름다운 서당'으로 바꾼 거고요.

워낙 선생님들과 학생들이 열심히 하니까 첫 해 취업률이 100%였다고 해요. 1년 동안 의기투합해서 본인들의 꿈을 시니어들이 응원해주고 정보를 주니 가능했던 일이지요. 이게 꽤 알려져서 몇몇 자치단체에서도 이미 시행하고 있어요. 그래서 지금은 자치단체와 함께 하는 모델로 확대가 됐지만 설립자의 근본 취지는 변하지 않았습니다. 이 사례는 세대 통합의 모델이면서 시니어의 새로운 일자리 모델인 셈이기도 해요. 그래서 서울에는 '아름다운 서당 교수 양성 과정' 같은 것도 있어요.

제가 희망제작소에 근무했을 때도 여기 학생들이 희망제작소 인턴으로 일했는데요. 시니어들에게 워낙 깐깐하게 배워 와서 복사하는 것부터 달랐어요. 망나니 같던 애들도 엄한 선생님들과 서당 같은 시스템으로 1년을 보내면 달라졌습니다. 이 모델은 전국적으로도 확산되고 있고 서울, 수원, 광주, 전남 지역에서도 잘 운영되고 있어요.

case 2. 동네 한바퀴 in 성남

성남시에서 진행했던 '동네 한바퀴 in'도 소개해드릴게요. 시니어들은 연륜과 경륜 덕분에 지역사회를 바꿀 아이디어나 비전은 갖고 있으나 그걸 구체적으로 구현할 기술은 부족합니다. 그런 단점을 극복하기 위해 시니어와 20대가 2인 1조가 되서 지역사회 문제를 해결했던 사례가 바로 '동네 한바퀴 in 성남'이에요. 같이 손잡고 동네를 돌아다니면서 동네 지도를 만드는 프로젝트였는데 여기에 참여한 사람들의 인터뷰를 들어보니 만족도가 굉장히 높았고요. 2인 1조가 됐던 청년과 시니어 그룹 간에 끈끈한 우정이 많이 생겼다고 해요.

case 3. 시니어 멘토

'시니어 멘토(http://www.seniormentor.co.kr)'라는 사이트도 있는데요. 오랜 직장 생활을 통해 경륜을 갖춘 시니어들이 새내기 직장인들을 위해 상담해주는 곳입니다. 여기 시니어들이 전문 상담가는 아니에요. 그렇지만 생활의 지혜라는 게 있잖아요. "시한폭탄 같은 우리 팀장님 대처하는 법 좀 알려주세요." 이런 고민을 새내기 직장인들이 온라인으로 올립니다. "더 나은 연봉을 쫓아갈까요? 더 나은 복지를 쫓아갈까요?", "술 못 마시는 영업사원의 비애", "지인 추천으로 들어간 회사에 다니는 설움", "36살, 이직하기엔 너무 늦은 나이인가요?" 등의 고민을 올리면 시니어들이 답변을 달아요. 들어가서 읽어보면 어떤 건 조금 마음에 안 들기도 해요. '왜 이렇게 답변을 하셨지?' 하고 밑을 보면 다른 멘토가 "위에 계신 멘토는 이렇게 생각하시지만 저는 좀 다른 생각입니다." 하면서 자기 노하우를 알려주세요. 전문 상담가는 아니지만 본인만의 경험과 노하우, 생활의 지혜를 알려주는 거죠. 조회 수 보면 2천 건이 넘습니다. 살아 있는 체험 속에서 나오는 조언을 통해 세대 교감을 하는 모델이죠.

100세 시대,
일상의 공부

한편 '호모 헌드레드' 시대를 잘 살아내기 위해서 일상 학습, 일상 공부만큼 중요한 게 없습니다. 여기서도 우리가 관점을 전환할 필요가 있는데요. 지금까지 제가 편의상 일, 학습, 관계 등을 나눠서 얘기했지만 인생 후반전에는 이런 것들이 통합적으로 나타납니다. 일과 학습, 여가, 관계들이 엄격하게 분리하기 어려워져요. 그래서 학습으로 시작했지만 그 결과가 소득으로 연결되기도 하고, 관계망을 통해 재미로 시작한 것들이 일로 연결되기도 하고요.

공부도 마찬가지입니다. 이렇게 앉아서 듣는 강의식 공부만으로는 100세인의 삶을 살 수 없다는 거예요. 그래서 중요한 게 일상에서의 공부, 서로 함께하는 공부입니다. 전 세계적으로 유명한 시니어들의 학습공동체, U3A(University of the 3rd Age)가 대표적인 예입니다. 전 세계에 다 있고 한국에도 몇 개의 U3A들이 있어요.

case 1. U3A

U3A는 프랑스에서 맨 처음 시작했다고 해요. 프랑스 U3A는 대학에서 시작을 한 경우라서 저명한 대학 교수들이 강당에서 강연하는 방식으로 진행했는데, 이게 영국으로 넘어오면서 제가 말씀드린 일상 학습, 일상 문화로서의 시니어 학습공동체로 뿌리 깊게 자리매김합니다. 지금 런던 전역에 40개 정도의 U3A가 있고 참여하는 인원만 34만 명 정도라고 해요.

배움은 모두 함께 참여해 만들어가는 것이다, 선생과 학생이 따로 있는 게 아니다, 수업에 들어가 그냥 의자에 앉아 있는 태도는 용납되지 않는다, 배움이 삶에 주는 커다란 즐거움과 의미는 말로 다 표현할 수 없다, 배움에 특별한 자격은 없다, 재밌지 않으면 U3A의 수업이 아니다 등 U3A의 중요한 가치를 보시면 이 학습공동체가 지향하는 바가 무엇인지 느끼실 수 있을 거예요.

저는 이 U3A의 속살을 보고 싶었어요. 이게 정말로 잘 되는 건가? 런던에서만 활성화되는 건 아닌가? 진짜 자발적인 걸까? 그래서 2012년에 영국에 갔습니다. 일부러 런던 U3A를 가지 않았어요. 런던에서 한 시간 동안 기차를 타고 페참(Fetcham)이라는 인구 천 명밖에 안 되는 조그만 마을에 갔어요. 이분들이 저희를 따뜻하게 맞아주시고 조금이라도 더 보여주려고 하는 그 마음이 전해져서 찡했던 기억이 있는데요.

운영은 기본적으로 회원들이 1년에 내는 회비로 하는데 그 수준이 1~2만 원밖에 안 돼요. 그런데 여기서는 강사나 학생이나 돈으

로 거래하지 않아요. 누구나 배우고 싶은 게 있으면 그냥 개설하면
돼요. 개설하는 사람도 전문 강사가 아닙니다. 그래서 여기는 교사
라고 하지 않고 코디네이터라고 불러요. 수업도 클래스라고 부르지
않고 그룹이라고 해요. 영국의 대부분 U3A들은 사무실이 없고 회
원들 집을 돌아가면서 진행해요. 주민자치센터나 공공기관을 빌리
기도 하고요.

미술 수업을 개설한 분이 하신 말씀인데요. "나는 미술을 사랑하
는 사람인데 현대미술은 너무 비싸고 어렵다. 그래서 미술을 좋아하
는 동료들과 함께 모여서 일주일에 한 번씩 런던 가서 미술관 구경
을 하고 우리끼리 공부하는 거다."라고 하셨어요. 이런 식으로 일상
에서 수업이 이루어지는 거예요.

그래서 런던뿐만 아니라 페참의 U3A분들이 공통적으로 하시는
말씀이 "영국의 시니어는 두 그룹으로 나뉜다. U3A의 활동을 하느
냐, U3A를 하지 않느냐."였어요. 중국의 경제성장 속도보다 더 빨리
늘어나는 게 U3A라며 자부심이 대단했어요. 저희가 "전 세계에 50
여 개 U3A가 있는데 혹시 로열티 같은 걸 받습니까?"라고 물으니
의아해하면서 한국 사람들은 오면 꼭 그 질문을 한다고, 우리는 이
활동을 '무브먼트(movement, 사회운동)'로 보니 마음대로 퍼가라, 전
세계 시니어들이 U3A로 행복해졌으면 좋겠다고 하더라고요. 한국
에서도 어디든지 '깃발 꽂아서' U3A가 많아졌으면 좋겠다고요. 그
래서 제가 이 강의를 열심히 하고 다니면서 서울에도 '깃발을 꽂았'
어요. 여러분도 지역사회에 그냥 만드시면 됩니다. 저는 이게 바로

일상 학습 문화라고 보고 있거든요.

서울의 U3A도 처음에는 '지혜로운 학교'라는 이름으로 시작했어요. 그런데 나중에 이익이 있을지 모르니 'U3A 서울' 이름을 붙이자고 해서 로고를 만들었죠. 이거 만드는 데 돈도 필요 없어요. 2010년부터 시작했는데 처음엔 힘들었어요. 아무리 영국의 U3A 모델에 대해 설명해도 다들 '강의를 개설했는데 사람들이 안 오면 어떻게 하나, 강의에서 실수하면 어떻게 하나' 하는 걱정들이 많으셔서 정착되는 데 한 2~3년 정도 걸렸습니다. 지금은 굉장히 활발해져서 회원들 집에서 돌아가며 진행합니다.

case 2. 캠든 타운 셰드

캠든(Camden)은 영국의 지명이고 셰드(Shed)는 '헛간'이라는 뜻입니다. 퇴직한 남성들이 캠든 타운 셰드라는 목공 작업장에 모여 함께 작업하는 건데요. 일종의 목공 클럽이에요. 앞서 말씀드린 최반장님 사례처럼 퇴직하고 동네에 머물러 있는 시간들이 많아진 남성분들이 지역사회에 활발하게 참여하게 된 사례입니다. 호주에서 시작되어 런던으로 알려진 경우입니다.

재밌는 것은 지역의 건설회사에서 버려지는 폐목을 얻어 목자재로 쓰고, 연장과 도구도 집집마다 안 쓰는 물건들을 모아 썼다는 거예요. 이걸 처음 만드신 회장님이 지역신문에 광고를 내셨대요. "연장이나 공구 안 쓰는 걸 모아주세요." 그러자 미망인들이 많이 모아주었대요. 영국은 대부분 정원이 딸린 주택에서 사는데 남편이 죽고 나서 미망인들이 남편이 소중하게 여기던 연장들을 추억으로 간직하고만 있다가 좋은 뜻으로 활용한다니까 너도나도 보내줬다는 거죠. 또 중요한 건 차 마시는 공간이 있다는 거였어요. 차 마시는 공간을 가운데 제일 크게 만들어 놨어요. 한편 여기에서 만드는 생산품은 주로 일반 기업에서는 수익률이 떨어져서 안 만드는 것, 예를 들면 발달장애우를 위한 장난감 같은 걸 만들고 있었어요. 여기도 외부 지원금은 전혀 없습니다.

저는 이런 모임이 매우 중요하다고 생각해요. 제가 일본에 방문했을 때 가장 인상 깊게 만난 사례가 '니트를 짜는 할머니들의 모임'이었어요. 우리의 행복설계 아카데미 사례들은 사실 좀 거창하죠. 우리는 뭘 하려면 조직을 만들고 반드시 회장을 뽑아요. 비즈니스 모델, 사업 계획부터 짜요. 하지만 영국과 일본의 사례는 우리와 결이 달라요. 아까 말씀드린 릿쿄대 졸업한 학생들이 만든 단체 중에는 '일본에 거주하는 외국인을 생각하는 모임'이 있어요. 굉장히 구체적이죠. 단체명에서 모든 게 다 드러나잖아요. 이렇게 작은 커뮤니티 중심으로 현실적인 사고를 하는 문화가 있어요.

니트를 짜는 할머니들의 모임은 정말 감동적이었어요. 니트가 참 좋은 옷인데 요즘 젊은 세대들이 니트를 너무 모른다며 일주일에 한 번씩 구청의 공동 공간에 모여 니트를 짜시고 그 작품을 전시하고 젊은 세대에게 나눠주기도 하는 거예요. 니트가 계속 생산되고 소비되었으면 좋겠다는 마음에서 사명감을 갖고 활동하는 모습, 이렇게 일상의 문화가 많이 살아 있는 게 더 건강한 노년 문화 아닐까 싶어요.

지금, 이 자리에서
시작하기

혹시 호서대학교 설립자이신 강석규 선생님의 '어느 95세 노인의 수기'를 읽어보신 분 계세요? 2015년 9월, 103세 나이로 돌아가셨어요. 그분이 95세 때 수기를 하나 쓰셨는데요. 65세 때까지 열심히 일하다 은퇴하고, 이후 30년 동안 퇴직 후 남은 인생은 덤이라 생각하고 아무것도 안 했는데 따지고 보니 90세 기준으로 30년이라는 건 인생의 3분의 1에 해당하는 시기였다는 거죠. 퇴직 후에 30년 더 살 줄 알았다면 이렇게 안 살았을 거라고 후회를 하셨어요. 그래서 95세가 된 생일날, 지금부터 어학공부를 시작해서 105세 되는 생일날 똑같은 후회를 하지 않겠다는 취지의 글을 남기셨고, 그게 몇 년 전 인터넷에서 화제가 된 적이 있었어요. 그리고 103세로 돌아가셨어요. 8년 동안 영어공부 열심히 하신 거죠. 어떻게 보면 성인이 돼서 살아왔던 시간 그 이상의 시간이 지금부터 있는 거잖아요. 전반기 인생은 뭣 모르고 살아왔을 수도 있지만 50대 중반쯤 되면 많은 시행착오를 겪으면서 누구나 자기만의 생각과 의지가 명확해지지 않습니까. 그래서 인생 후반기 삶은 이전보다 훨씬 밀도 있게 잘 살아낼 수 있습니다.

그럼 이 후반기의 삶, 새로운 경험과 관계의 재구성은 어떻게 시작하면 좋을까요? 오늘 오신 분들은 사실 첫 발을 다 디디신 거죠. 이런 데서 시작하는 거예요. 새로운 경험과 학습과 관계를 탐색하시는 데 주저하지 마시고 할 수 있는 것부터 시작하셨으면 좋겠습니다. 사회는 노년을 품어야 하고, 우리 개인도 사회를 품는 노년이 되어야 합니다. 오늘 우리가 나눈 이야기들이 고령사회 문제에서 출발했지만, 새로운 노년의 삶을 제시하는 이 작업이 새로운 인생을 재창조하는 모델로 이어질 거라고 생각하고, 그것이 우리 젊은 세대들에게도 많은 영감을 줄 거라고 기대합니다.

여러 가지 새로운 사례를 처음으로 접했습니다. 인생이모작지원단이 서울 중심으로 진행되는 것 같은데 다른 지역의 현황이나 지원기관들을 소개해주십시오.

부산을 제외한 다른 지역은 아직 움직임이 구체적이지 않은 것으로 알아요. 부산에는 50+ 프라임센터가 생길 예정이에요. 그런데 베이비붐 세대 비중은 서울보다 경기도가 조금 더 높습니다. 서울은 베이비붐 세대가 전체 인구의 29%인데 경기도는 조금 더 많아요. 서울이 이런 사업을 시작했으니까 다른 지자체들도 더 많이 따라오리라 생각해요. 당사자들이 더 적극적으로 목소리를 내주셔야 합니다. 저도 일전에 경기도 고양시 의원을 만났을 때 고양시에도 이런 사업이 정말 필요하다고 말씀드렸어요.

청년들은 그들의 정보력으로 빠르고 활발한 교류가 가능합니다. 부모 세대는 정보가 적고 속도도 느립니다. 각 마을 안에서 활발히 교류가 일어날 수 있는 방법이 있을까요?

여러분은 어떻게 생각하세요? U3A 이름을 바꿔서 만드셔도 돼요. 그런데 제가 10여 년 정도 중장년층들을 만나면서 자연스럽게 청년 세대들과도 만나보니까요. 청년 세대들이 빠른 건 사실입니다. 그런데 좀 냄비 같아요. 청년들이 뭘 했다 하면 후닥닥 만드는데요, 후닥닥 접기도 잘 합니다. 그런데 중장년층은 한 번 만들면 닫지 않아요. 아까 말씀드린 많은 사례 중 하나도 닫은 건 없습니다. 지혜로운 학교 정착되는 2~3년 동안 여러 우여곡절 많았습니다. 그런데 지금은 매우 활발하게 진행되고 있어요. 지속가능성, 끈기, 끈질김은 중장년 세대 이상 노년 세대가 갖는 중요한 강점이라는 생각이 듭니다. 그래서 마을 안에서 각 세대들이 자기 모델을 열심히 만들면서 구체적으로 만났으면 좋겠습니다.

50+센터는 몇 개나 개관되나요? 해당 지역 사람만 이용할 수 있나요?

2016년 2월부터 본격적으로 오픈하는데요, 2016년에 3개, 2017년에 5개가 개관될 예정입니다. 자치구 센터는 2020년까지 20개 정도 소규모로 개관할 예정입니다. 해당 지역 주민이 아니셔도 이용하실 수 있어요. 서울시가 운영하는 '시니어포털 50+'(http://senior.seoul.go.kr)을 참고하시면 더 많은 정보를 접하실 수 있습니다.

평범한 사람들이 구체적으로 일자리를 구상하고 실행할 방법으로 어떤 대안이 있을까요? 한 가지라도 잘하는 것부터 시작할 수 있는 용기는 어디에서 나올 수 있을까요?

일자리 문제는 저도 참 어려워요. 정부가 고용노동부 홈페이지에 '116만 우리 아들딸이 눈물을 흘리고 있습니다. 임금피크제, 근로 시간 단축으로 28만 개의 일자리가 새롭게 만들어집니다'라고 공익 광고를 하면서 〈미생〉의 장그래를 앞세우고 있습니다. 어떻게 보면 정부도 답이 없는 거죠. 윗돌 빼서 아랫돌 괴는 식인 것 같습니다. 임금피크제로 근로시간 단축하면 청년 세대 고용이 늘어날 것 같지만 여러 논문에서 근거 없는 이야기라고 지적하고 있죠. 그게 사실이었다면 IMF 때 구조조정하고 명예퇴직시켰을 때 청년실업이 줄어들었어야 합니다. 일자리 문제는 대한민국만의 문제가 아니고 전 세계적인 문제인데 중앙정부도 지방정부도 할 수 있는 일이 많이 없어요.

그래서 제가 아까 말씀드렸죠? 거대담론이나 정책으로 접근하면 너무 우울하고 할 수 있는 게 없으니까 우리 개인들이 일상에서 힘을 내서 함께 할 수 있는 일을 찾아보자고요. 그리고 1~2년이 아닌 10년, 20년 지속가능한 일의 관점으로 보자고요. 물론 당장 소득이 필요한 분들이 계시죠? 제가 오늘 말씀드린 100만 원, 150만 원으로 생활이 어려우신 분들 당연히 계시죠. 그럴 때는 중소기업이든 어디든 재취업을 하시는 게 좋겠어요. 우리나라 자영업 창업 성공비율이 10~20%밖에 안 돼요. 그리고 재취업을 하더라도 이제는 올인하지 마시고 한 쪽 발은 다른 데로 담그고 계셔야 해요. 그래야 이 일이 끝나면 다른 쪽 발을 담근 일을 매개로 뭔가를 시작할 수 있을 거예요.

U3A를 시작하려면 어떻게 해야 하나요? 준비과정을 구체적으로 알려주는 사이트나 이를 지원하는 부서가 있나요?

U3A는 지금 국내에서도 특히 평생학습 쪽에서 여러 가지 이름으로 시작을 하고 있습니다. 예를 들면 수원시 평생학습관은 시민들이 이해하기 쉽도록 '누구나학교'라는 이름으로 진행하고 있어요. 은평구 평생학습관에서는 '숨은 고수 교실'이라고 부르고요. 특별한 절차는 별로 없습니다.

유 경

사회복지사 · 어르신사랑연구모임 대표

마흔에서 아흔까지, 내 곁에 이 사람

노년의 관계 맺기와
인생지도 그리기

1960년 출생. 이화여자대학교 시청각교육과를 졸업하고 같은 학교 사회복지대학원에서 사회복지학 석사 학위를 받았다. CBS 아나운서로 노인 대상 프로그램을 오랫동안 진행하다 노인 복지에 뜻을 세우고 사회복지사가 되었다. 노년과 중년을 위한 사회교육 프로그램 강사, 죽음준비교육 전문 강사이자 어르신사랑연구모임 대표이다. 노년에 관한 거의 모든 분야에서 일하고 있는 전문가로 《마흔에서 아흔까지》, 《유경의 죽음준비학교》 등의 저서가 있다.

그는 노년에 관계 맺기를 잘하면 부유하지 않아도 풍요로운 후반부 삶을 맞이할 수 있다고 이야기한다. "어르신들이 관심의 방향을 밖으로 틀기만 하면 젊은이들보다 훨씬 상대를 잘 이해할 수 있습니다. 오래 살아온 경험 덕분에 말 안 해도 알고 표정만 봐도 아시는 거죠. 그래서 상대방의 말에 조금만 귀를 기울이고 도움이 될 만한 이야기로 관심의 문을 열면 인간 관계가 그리 어렵게만 느껴지진 않으실 겁니다."

안녕하세요. 반갑습니다. 오늘 저와 함께 나누실 이야기는 이미 여러분들이 다 아시는 내용이에요. '관계'에 대한 이야기를 할 건데 누구나 관계를 맺으며 살아가고 있고, 또 이미 살아온 세월이 어느 정도 쌓인 분들인 만큼 관계의 어려움과 기쁨, 고통, 갈등, 만족감, 행복을 골고루 경험하셨으리라 생각합니다. 저는 50대 중반, 5학년 6반이에요. 이 자리에 후배님들도 계시고 선배님들도 계신 것 같은데 다 아시는 얘기겠지만 이 시간을 통해서 '관계'를 중심에 놓고 내 인생의 중간 점검을 한 번 해본다, 이렇게 부담 없이 생각하시면 될 것 같습니다.

관계를 잘 맺는
노인의 특징

저는 노인 복지 현장에서 일한 지 20년이 넘은 사회복지사로, 요즘도 거의 매일 어르신들을 만나고 있고, 어르신들뿐만이 아니라 중장년층, 또 노년에 대해 알고 싶어 하는 젊은 사람들도 만날 일이 많은데요. 제가 어르신들을 포함해 모든 연령층에게 공통적으로 하는 질문이 있습니다. 두 가지인데, 하나는 '아, 싫다 싫어. 저 노인!', 노인분들이 눈살 찌푸리게 하는 때는 언제인가, 또 하나는 '와, 멋있다. 저 어르신!', 나도 저렇게 늙었으면 좋겠다, 닮고 싶다고 생각하게 하는 어르신은 어떤 분들인가 하는 질문입니다. 연령과 무관하게 공통된 답변들을 모아봤는데 아마 모두들 공감하실 겁니다.

먼저 눈살 찌푸리고 고개를 내젓게 하는 분들의 모습입니다. 우선 공중도덕 무시하실 때 싫다고들 했어요. 어르신들이 많이들 무단횡단 하시는데 굉장히 위험하지요. 또 새치기도 많이 하시죠. 노약자 보호석이 비어 있는 게 뻔히 보이는데도 무조건 밀고 타시죠. 이런 분들은 살아오신 세월 자체가 전쟁에 가난에 워낙 먹고 살기 어려웠던 때라, 내 꺼 찾아먹지 못하면 나만 손해라는 생각이 강하게 박혀 있는 경우가 많습니다. 다음으로 냄새날 때 싫다고들 하는데, 사실 사람이 혼자 있을 때야 냄새나든 안 나든 상관이 없겠지만 관계 속에서는 큰 영향을 미치죠. 또 목소리 큰 것도 싫대요. 이것도 이유가 있으시죠. 귀가 잘 안 들리시니까요. 그리고 어리다고 무조건 무시할 때, 자리 양보했는데도 인사 한 마디 안 하실 때도 싫다고 했어요. 물론 어르신들도 이유가 있으세요. 숨차서 숨 좀 돌리고 인사하려고 했다는 거죠. 또 남녀 차별할 때, 딸과 며느리 차별할 때, 고집불통일 때, 자기 말만 할 때 등등이 있습니다.

그러면 반대로 누구나 '멋있다, 저 어르신!', 이런 생각을 하게 만드는 분들은 어떤 분들일까요? 모두들 웃는 얼굴을 첫 번째로 꼽았습니다. 사실 어르신들은 웃으시기만 해도 그 주름 자체가 역사 아닌가요? 단정한 옷차림, 깨끗한 몸가짐, 일이든 공부든 무언가 열심히 하시는 모습, 당신도 노인이면서 더 연세 많은 분께 자리 양보하는 모습, 자원봉사 하는 모습, 노부부가 다정하게 손잡고 걸어가는 모습, 항상 남을 칭찬하고 젊다고 무시하지 않을 때, 건강관리 잘 하실 때, 새로운 것에 대해서 열린 마음을 가질 때 등의 답변이 나왔습니다. 여기서 눈여겨볼 것은 싫은 노인의 모습이든 멋진 노인의 모습이든 대부분이 다 '관계' 속의 모습이라는 거죠. 혼자서는 찌푸리든 화를 내든 지저분하고 냄새가 나든 아무 상관없고 누구도 간섭할 수 없지만, 다른 사람들과의 관계 속에서는 문제가 된다는 것을 알 수 있습니다.

2015년에 흥행한 영화 중 로버트 드 니로가 주연한 〈인턴〉이라는 영화가 있죠? 다른 나라와 달리 우리나라에서는 특별히 세대 간에 고르게 사랑을 받았다고 하는데, 왜 그랬을까요? 로버트 드 니로라는 배우 때문일 수도 있지요. 사실 저는 이 배우 보러 갔거든요. (좌중 웃음) 로버트 드 니로가 70대 인턴사원 '벤'으로 나오고, 앤 해서웨이가 성공한 온라인 쇼핑몰 CEO '줄스'로 나옵니다. 고령 인턴을 뽑아야만 한다는 사회적 책임에 따라 70세 은퇴자 벤을 인턴으로 채용하긴 했지만, 줄스는 굳이 나이 든 인턴과 일하고 소통할 필요성을 느끼지 못했습니다. 그러다가 줄스에게 이런저런 위기가 닥치자 벤의 오랜 직장 생활 경험과 연륜이 빛을 발하게 되고 줄스에게 큰 도움이 됩니다. 벤은 젊은 직원들과 달리 늘 정장 차림으로 출근을 하고 디지털 기기에도 전혀 익숙하지 않은데, 젊은 직원들은 이상할 정도로 벤을 따르고 연애 고민을 비롯해 별별 이야기를 다 털어놓습니다. 수십 년의 나이 차이에도 불구하고 70대 인턴 벤이 인기 만점 동료가 된 비결은 뭘까요? 새로 시작한 직장 생활에서 어떻게 그런 관계를 맺을 수 있었을까요?

우선 자기관리를 잘 합니다. 보통 은퇴하면 생활이 흐트러지기 쉬운데, 벤은 인턴이 되기 전 부인과 사별하고 혼자 지내면서도 생활 리듬을 잘 유지하며 규칙적인 생활을 했고, 인턴이 돼서도 늘 깔끔한 옷차림과 매너를 유지합니다. 손수건도 늘 넣고 다니죠. 눈물 흘리는 여성에게 "여자가 울 때 쓰기 위한 거예요."라며 깨끗한 손수건을 척 꺼내주죠. 요즘 젊은 사람들은 손수건 잘 모르죠? 아마 젊은 사람들은 상상조차 하지 못하는 일일 겁니다.

게다가 나이 유세를 떨지 않습니다. 나이와 직장 경력만 보면 회사 안의 그 누구도 따라오지 못할 정도지만 절대 나서는 법이 없습니다. 오히려 한 걸음 뒤에서 인턴의 본분을 다합니다. "내 나이가 몇인데!" 하며 유세 떠는 사람 많죠? 나이가 벼슬입니까? 자격증인가요? 절대 앞에 나서지 않고 뒤에서 알아서 돕고 궂은일을 처리합니다. 나이 앞세우며 어깨에 힘주지 않으니 인기남이 될 수밖에 없지요. 나이는 자격증이 아니라는 사실을 몸소 보여줍니다.

또한 섣불리 충고하는 일도 없습니다. 줄스가 너무 일에 치중하다 보니 가정이 깨질 위기에 처하게 돼서 CEO 자리에서 물러나려고 해요. 벤은 그저 지켜봅니다. 훈수 두지 않습니다. 다만 '이렇게 회사를 키운 것이 누군지 잊지 말라'며 격려합니다. 그러면서 '당신은 행복할 자격이 있다'는 말도 빼놓지 않습니다. 최고경영자이면서 아내이자 엄마로 사면초가에 빠진 줄스에게 얼마나 눈물겨운 응원의 말인지 모릅니다. 어르신들이 정치적인 행동을 하실 때 막무가내인 경우 많으시죠? 젊은 애들이 이 나라 말아먹을까봐 걱정돼서 그런다고 하시는데, 우리 사회의 중요한 정책이나 의사결정을 누가 합니까? 이미 젊은 사람들이 하고 있습니다. 세대에서 세대로 그 힘이 이전한 거지요. 그럴 때 불안해하고 의심하기보다는 너희만 믿는다고 격려하고 응원해주실 필요가 있지요. 그럼 더 잘하지 않을까요?

또 벤은 온화합니다. 얼굴 표정만이 아니라 사람을 대하는 태도며 행동들이 부드럽고 편안합니다. 나이를 괘념치 않고 젊은 사람들과 가까워지기 위해서는 지나치게 엄격한 표정, 딱딱한 말투, 경직된 태도, 소통 능력 부족을 경계해야만 한다는 것을 알 수 있지요.

지금까지 한 이야기에 모두 '관계성'이 들어 있죠? 관계를 잘 풀어나가는 방법이 담겨 있는데요, 주위 사람들과의 관계가 원만하면 일단 본인이 스트레스를 덜 받고 행복해요. 그러면 덩달아 주변이 행복합니다. 분명히 은퇴하고 나이가 많아지면 간단한 집안일조차 힘겨울 때가 옵니다. 이런 때에 관계 맺음을 잘 하면 많은 것이 달라질 수 있습니다. 가장 중요한 것은 아직 늦지 않았다는 겁니다. 남은 못 바꿉니다. 세상에서 제일 어려운 게 남을 바꾸는 겁니다. 그런데 내 마음 바꾸기는 쉽죠. 관계에서 나 자신을 바꾸면 작은 차이로 삶이 크게 달라질 수 있기 때문에 지금이라도 달라져보자는 거예요.

관계의 동심원

여러분도 '관계의 동심원'을 한 번 그려보시면 좋겠어요. 유진 오켈리(Eugene O'Kelly)라는 사람이 쓴 책 《인생이 내게 준 선물》(꽃삽, 2006)에 나오는데요. 유진 오켈리는 미국의 유명한 회계법인의 CEO였어요. 달력에는 18개월 앞의 일정까지 적혀 있던 사람이에요. 결혼 후 10년 동안은 휴가를 가 본 적이 없고, 당연히 아이들 학교 행사에는 전혀 참석하지 못했고요. 가족을 깊이 사랑했지만 너무 바빴습니다. 이렇게 열정적으로 일했던 그가 53세에 악성 뇌종양 말기 진단을 받습니다. 3개월 정도 살면 다행이라는 얘기를 듣죠. 회사를 그만두고 치료를 받지만 효과가 별로 없었어요.

　이때 이 사람이 '관계의 동심원'을 그려봅니다. 뇌종양 때문에 원을 반듯하게 그리지 못했어요. 삐뚤빼뚤하게나마 동심원을 그린 후 안쪽부터 자신과 가장 가까운 사람을 채워갔어요. 그랬더니 '아내-

주위 사람들과의 관계가 원만하면
일단 본인이 스트레스를 덜 받고 행복해요.
분명히 은퇴하고 나이가 많아지면
간단한 집안일조차 힘겨울 때가 옵니다.
이런 때에 관계 맺음을 잘하면
많은 것이 달라질 수 있습니다.
가장 중요한 것은 아직 늦지 않았다는 겁니다.

아이들-직계가족-오랜 친구들-사업상의 절친한 동료-공통의 경험과 취미로 인해 서로의 삶을 고양시킨 사람들', 이런 순서로 정리가 됐어요. 유진 오켈리는 바깥쪽 원에서 시작해 점차 안쪽으로 들어가면서 작별 인사를 하기로 마음먹었습니다. 동심원 바깥쪽에 있는 사람들과는 전화나 메일로 그동안 행복했고 고마웠다는 인사를 나누었어요. 그리고 동심원 중심에 가까이 위치한 사람일수록 직접 만나서 식사를 하며 추억을 나누고 작별 인사를 했어요.

이 과정에서 유진 오켈리는 "행운을 비네, 믿음을 갖게."라는 상투적인 위로나 현실을 부인하는 말보다 그냥 담담하게 "잘 있게."라고 작별 인사를 해주는 것이 더 고마웠다고 말합니다. 그러면서 이런 고백을 합니다. "만약 좀 더 일찍 내 앞에 영원한 삶이 펼쳐져 있는 것처럼 생각되던 젊은 시절에 관계의 동심원을 그려볼 생각을 했더라면, 나는 중요한 사람들과 덜 중요한 사람들을 구분할 수 있었을 것이고 이는 시간이나 에너지 배분에 도움이 되었을 것이다."

누구나 관계의 동심원을 그려보면 큰 차이가 없을 겁니다. 아무리 좋으니 싫으니 해도 아프면 누가 먼저 달려옵니까? 가족이죠. 그런데 우리는 그 관계가 괴로워요. 여러분도 관계의 동심원을 한 번 그려보시기 바랍니다. 그려보면서 나한테 가장 소중한 사람들이 누구인지를 깨닫고 그 사람들과의 관계를 위해 남은 시간을 지혜롭게 쓰면 좋겠어요.

성공적인 인간 관계에
공짜는 없다

이제 본격적으로 노년에 풍요로운 관계를 맺기 위한 몇 가지 원칙에 대해 이야기해보지요. 세상 모든 일이 다 그런 것처럼 인간 관계에도 공짜가 없죠. '성공적인' 인간 관계에는 더더욱 공짜가 없습니다. 씨앗을 심지 않고 꽃을 볼 수 없는 것처럼 관계 역시 심은 대로 거두게 마련입니다.

나이 들면 체면을 앞세우며 관계에 전혀 공을 들이지 않는 경우를 봅니다. 자식이니 당연히 해야 하고, 우리 집안에 들어온 새 식구니까 무조건 맞춰야 된다며 자기는 팔짱 끼고 가만있는 거죠. 거기서 어떻게 진정한 관계가 생겨나겠습니까. 형식적이고 의례적으로 대하게 될 뿐이죠. 또 나이 앞세우며 아랫사람들의 개성은 무시하고 간섭하고, 자기 말을 따르지 않으면 체면이 상했다며 화를 내는 경우도 있습니다. 본인이 잘못하고도 어른이 어떻게 먼저 사과하느냐며 버티는 일도 많은데요.

가만히 있어도 알아서 나를 배려해주고 일일이 응대해 주는 사람은 없지요. 아무리 자기가 낳아 기른 아이들이라고 해도 아이들이 알아서 친절하게 굴까요? 좋은 관계를 맺자고 달려들까요? 어른이라 해도 결국 먼저 다가가는 게 중요합니다. 입과 손과 발로 열심히 다가가야 하는데, 부드러운 말, 먼저 내미는 손, 어려울 때 직접 찾아가고 챙겨주는 정성이 기본이라는 뜻입니다. 여러분 모두 그렇게 하고 계실 겁니다. 저 멀리 뚝 떨어져 앉아 어른 대접 받기보다는 주위 사람들에게 다가가 격의 없이 어울리고 보듬어주면서 함께 후반생의 즐거움과 행복을 나누는 편이 훨씬 이익 아닐까요? 체면이 밥먹여주지 않으니 얼른 체면 내려놓고 사람 마음 얻는 게 먼저입니다. 사람 마음 공짜로 얻지 못한다는 것, 꼭 기억하시기 바랍니다.

상대에 대한 관심에서부터 인간 관계가 시작된다

그러려면 상대에 대해 관심을 기울여야 하는데, 무엇보다 노인의 '3무(無)'를 경계하셔야 해요. 노인의 3무는 무관심, 무신경, 무표정이에요. 불필요한 데까지 시시콜콜 지나치게 관심이 많은 분들도 계시지만, 세상이 어떻게 돌아가는지, 상대방이 어떤 감정으로 무슨 생각을 하는지 너무 관심이 없는 분들도 계세요. 저희 시아버님은 온화하고 참 좋은 분이신데요. 저희가 "아버님, 점심 사드릴게요."라고 말씀드리면 "그러든지!" 하십니다. (좌중 웃음) "아버님, 뭐 드시고 싶으세요?" 하고 여쭤보면 "몰라!" 하십니다. 말씀해주시면 음식을 직접 준비하거나 음식점을 알아보는 데 좋을 것 같은데 말이죠. 몇 주전에 시간 약속을 하고 찾아뵌 건데도 무관심하신 거죠. 아버님은 그런 상황이 별로 불편하지 않으신 것 같은데, 저는 마음이 불편한 거예요. '아버님이 언짢아서 저러시나? 그럼, 어떻게 하지?' 하다가 나중에 알게 됐어요. 저희 아버님 같은 경우는 무관심하신 게 아니라 '스무고개형'이라고나 할까, '내가 뭐 먹고 싶은지 어디 한 번 맞혀들 봐라' 하시는 거였어요. 참고로 아버님의 성격을 알고 나서 방법을 바꿨습니다. "뭐 드시고 싶으세요?"라고 여쭙지 않고, 예를 들어 삼계탕과 냉면 중에서 고르시거나 고기와 생선 중에서 선택하시도록 질문을 하니 아버님 마음 내키는 쪽으로 대답하시게 됐고 제고민도 깨끗하게 해결이 됐습니다.

아무튼 이렇게 무관심하고 무신경해 보이는 어르신들이 많으시죠? 거기다가 무표정하시기 때문에 다가가기 어렵습니다. 노인의 특성 중 하나가 내향성의 증가인데, 바깥 세계보다는 자기 자신의 생각이나 감정을 판단 기준으로 삼고 심리적 에너지가 안으로 향하게 되는 거죠. 어르신들 대화의 90%는 뭘까요? 건강이죠. 모든 관심이 건강에 쏠리니까 주위가 어떻게 돌아가든 자기 자신이 중요하고 자기중심성이 강해져요.

그런데 이 관심의 방향을 밖으로 틀기만 하면 젊은이들보다 상대를 훨씬 잘 이해할 수 있습니다. 오래 살아온 경험 덕분에 말 안 해도 알고 표정만 봐도 아시는 거죠. 그래서 상대방의 말에 조금만 귀를 기울이고 도움이 될 만한 이야기로 관심의 문을 열면 인간 관계가 그리 어렵게만 느껴지진 않으실 겁니다. 제가 만난 어르신 한 분은 복지관에 다니면서 포켓볼을 처음 배우셨대요. 다 큰 손자들이 놀러오면 마땅히 할 게 없었는데, 요즘은 할아버지가 직접 아이들을 당구장에 데려가니까 손자들이 대단히 좋아하고 이야깃거리가 생겠다는 거죠. 또한 관심을 표현하실 때는 상대가 부담스러워하지 않는 범위 내에서 해주시는 게 중요해요. 대학수능시험 끝나면 궁금한데 물어보기는 어렵죠? "시험 잘 봤어?" 하기보다는 "아이고, 고생많았다. 애썼다." 해주시면 좋겠죠.

서로 감사하는 부부 관계에
행복이 들어 있다

어느 날 우연히 60대 남자들의 동창 모임 옆자리에 앉았다가 제가 직접 들은 이야기인데요. 한 친구가 "야, 나 얼마 전에 우리 집사람한테 까불다가 이혼당할 뻔했어." 하니 옆에 앉은 친구가 정색을 하며 "너 미쳤냐? 우리 나이에는 마누라한테 '젖은 낙엽'처럼 꼭 붙어 있어야 돼."라고 대꾸를 하더라고요. 젖은 낙엽이라는 말을 당사자인 남자가 자기 입으로 직접 말하는 걸 처음 들었습니다. 남자 분들에게 굉장히 어려운 문제입니다만 불쾌하게만 생각할 게 아니에요. 이 어려움을 풀지 않으면 앞으로 남은 건 뭘까요? 홀로 외롭게 늙어가는 일입니다. 나이 들어서 각방 쓰는 게 무조건 나쁜 건 아니지만 마음의 교류 없이 홀로 보낸다고 생각해 보십시오. 보통 심각한 문제가 아니에요. 여자 분들도 마찬가지예요. 젖은 낙엽 취급만 하실 때가 아니라는 거지요.

중년 이후의 부부 관계가 중요한 이유는 자녀들이 떠나는 시기이기 때문입니다. '진수(進水)', 배를 만들어서 바다에 띄워 떠나보내는 걸 진수식(進水式)이라고 하죠. 상상해 보십시오. 멋진 배가 된 자녀는 망망대해를 향해 떠나고, 부모는 뭍에 남아서 "잘 가라." 하며 안전한 항해를 기원합니다. 그리고 부부 둘이 남아서 빈 둥지를 지키게 되는 거죠. 어떤 분은 "아이고, 우리 아이도 제발 진수 좀 했으면. 손 열심히 흔들어줄 텐데." 하시던데요. (좌중 웃음) 요즘은 진수가 안 되는 게 오히려 더 문제이긴 해요. 이 시기가 여성의 갱년기와 겹칩니다. 남자 분들은 은퇴 시기와 겹치면서 힘들고 허무합니다. 집안에는 아이들의 훈훈한 기운도 없고 애들은 자기 혼자 큰 줄 아는지 연락도 잘 안 해요. 정신없이 살아온 세월 동안 부부 간에 접점이 없어진 경우가 많아서 우울증에도 많이 걸려요.

누구나 처음에는 부부 만족도가 높아요. 그러다가 먹고 살기 바쁘고 아이들 기르느라 힘들어지면서 만족도가 지속적으로 하락하게 됩니다. 그런데 나이 들어서도 영 회복이 안 되는 지속하락형이 있고요. 어떤 부부는 하락하다가 진수기, 빈 둥지기에 다시 만족도가 올라가기도 해요. 이런 분들은 지지고 볶고 살았음에도 불구하고 그동안 쌓아온 결혼 생활 자체에 '참 잘 살았다, 열심히 살았다'는 만족감을 갖고 계신 분들이 대부분이에요. 좋지 않았던 부부 관계가 나이 들었다고 갑자기 좋아지는 법은 없어요.

그래서 저는 노년기에 이르기 전, 지금 이 시기가 부부 관계를 개선할 수 있는 절호의 기회라고 생각해요. 대부분 '친구 같은' 부부 관계를 가장 많이 원하시죠. 친구의 특징은 뭐죠? 일상을 공유합니다. 오늘 '관계'에 대해 고민하고 좀 배우려고 강연회에 왔는데 들어갔는지 나갔는지 모르면 서운하죠. 또 서로의 성장에 관심을 보이고 어려울 때 버리지 않는 게 바로 친구입니다. '연인 같은' 부부면 더 좋겠죠? 성적 만족감도 충족되는 부부 유형이죠. 아무튼 남은 인생에 좋은 친구가 될 것이냐, 그냥 이대로 평생 원수로 끝낼 것이냐, 지금이 그 방향을 바꿀 수 있다는 절호의 기회라는 것만은 분명합니다.

역시 가장 좋은 방법은 대화하는 거예요. 우리나라 부부들은 대화를 차 안에서 가장 많이 합니다. 보통 한 쪽이 운전을 하고 한 쪽이 조수석에 앉으면 그때 집안 대소사가 다 나옵니다. 그런데 서로 눈을 보며 집중해서 한 대화가 아니니까 모두 흘러간 내용이 되어버려요. 눈을 보고 대화하는 게 우선입니다. 노력해야 가능합니다. 그런데 뭘 물어봐도 귀찮아하면서 묵묵부답이라 속 터지죠? (좌중 웃음)

또 서로의 취향을 존중해야 합니다. 남편이 스포츠댄스 좋아한다고 댄스 싫어하는 아내랑 매일 댄스 교실 가면 아내만 괴롭죠. 저는 '따로 또 같이'가 답이라고 봐요. 어떤 어르신들은 복지관에 등교만 같이 하고 헤어지십니다. 신나게 따로 놀다가 집에 같이 가시죠. 그런 것도 한 방법이죠.

집안일 함께 하는 것도 빼놓을 수 없지요. 여자 분들은 아마 지금도 바쁘실 걸요? 애들 결혼 시켜야지, 결혼시키면 또 애 봐줘야지. 힘을 좀 덜어주셔야 되는데 가장 좋은 게 집안일을 함께 하는 겁니다. 서로를 불쌍히 여기는 측은지심을 가지고 서로에게 감사해야 합니다. 부부 사랑에도 공짜는 없습니다. 그동안 식었어요. 여자들이 아이들에게 집중하느라 남자들이 외로웠고 여자도 여자대로 외로웠어요. 아이들 떠나고 갱년기 오는 이때에 다시 관심이라는 씨앗으로 사랑에 불을 지피려 노력해야 합니다.

노부모와 성인자녀의 관계도 '따로 또 같이'가 좋다

부부가 일심동체가 아니듯 부모자식도 마찬가지입니다. 그런데 요즘 문제 있죠? 애들이 부모를 안 떠나요. 부모도 내놓지 못해요. 저도 마찬가지라 반성을 많이 하는데요. 부모가 자식에게 너무 의존하는 경우가 많습니다. 나이 드니까 점점 자신 없어져서 어떤 분은 일하는 아들한테까지 전화해서 형광등 갈아 달라고 하십니다. 동네에서 수리하는 분 부르면 되잖아요. 병원 갈 때 꼭 자식이 운전해서 모시고 가야 한다는 분도 계시죠? '내가 자식을 어떻게 길렀는데!' 하는 마음이죠. 그러나 일상의 소소한 것들은 독립적으로 처리할 필요가 있습니다. 자식들도 떨어져 나오질 못해 문제죠. 나간다고 해도 걱정이에요. '뭐 먹고 살려고 나간다고 그러지?' 싶어요. 지금 여기에 많이 모이신 '낀 세대 5060'이 이런 상황이죠. 80~90대 노부모가 계세요. 밑으로는 경제적으로 독립 못한 아이들이 있어요. 끼어서 너무 힘듭니다. 사실 어르신들보다 지금 중년의 삶이 굉장히 어렵습니다. 그렇기 때문에 더더욱 '따로 또 같이', 필요에 따라 의존하고 독립하는 게 필요합니다.

고부·장서 관계,
나부터 풀자

요새는 고부만 문제가 아니라 장모와 사위, 장서 관계도 문제죠. 배우자의 부모는 좋아서 선택한 것도 아니고 혈연도 아니에요. 배우자의 부모이고 자식의 배우자인 거죠. 이게 중요하면서도 어렵습니다. 요새 시집살이 시키는 시어머니가 어디 있냐고 하지만 관계의 갈등은 늘 존재하죠. 상대에게 바라기만 하는 경우도 괴롭고 퍼주기만 하는 경우도 문제입니다. 자식은 존재 자체로 선물 아닌가요? 바라기만 하면 안 되고 독립심이 필요합니다. 또 너무 퍼주면 고마운 걸 몰라요. 결국 "내가 그렇게 해줬는데 너희가 이럴 수 있어?" 하기 마련이죠. 해달라고 하지 않았는데도 내 자식이니까 좋아서 해줬어요. 그리고 나중에는 서운한 거예요. 그럼 애들이 뭐라고 해요? "누가 해달라고 했나요?" 이렇게 괴로운 일이 벌어지는 겁니다. 그 선을 지키는 데에 어른의 지혜를 발휘해야 하는 겁니다.

시어머니는 친정어머니가 아니에요. 이런 경우가 있었어요. 어떤 시어머니가 멀리 사는 아들 집에 어린 손주를 보러 가셨어요. 보고 싶으니까 가끔 가실 거 아니에요. 며느리가 밥을 차려줬는데 애기를 안고 무슨 정신이 있었겠어요, 그냥 밥솥에 있는 밥하고 찌개를 내왔는데 밥이 쉬었던 거예요. 며느리는 안 먹어봐서 몰랐고요. 이 어머니가 어떻게 하셨을까요? 그냥 물 말아서 드셨어요. 다음에는 꼭 밥을 먹고 와야겠다고 다짐하시면서요. 그런데 딸이라면 뭐라고 하셨을까요? "얘, 밥이 쉬었다. 라면이라도 끓여라."라고 편하게 말씀하셨을 거예요. 그런데 며느리니까 얘기 못하신 거예요. 며느리가 민망할까 봐요. 며느리가 딸 같을 수는 있어도 딸은 아니라는 얘깁니다. 시어머니나 친정어머니도 마찬가지입니다. 시어머니는 친정어머니가 아니에요.

문제가 생기면 남편한테 "당신은 도대체 누구 편이야? 내 편이야? 남의 편이야?" 하고 편을 나누는데 이러면 괴로워집니다. 어떻게 해야 할까요? 남자 분들은 그동안 피하는 게 현명하다고 생각해오셨는데, 십자가를 같이 지셔야 해요. 여자 분들은 "당신 어머니는 도대체 왜 저래!"라고 말을 시작하기보다는 분명한 사실만 전달하면 좋습니다. "어머니가 오늘 이렇게 말씀하시더라." 그럼 남편이 뭐라고 할까요? "그래? …우리 어머니가 좀 그러시지?" 이렇게 끝낼 수 있습니다. 답을 원하는 게 아니에요. 어머니 바꾸기가 어렵죠? 나 자신도 바꾸지 못하는데요, 뭐.

요새 장서 갈등이 왜 있습니까? 육아를 친정에서 맡아 해주니까 꼼짝을 못 합니다. 그러다 보면 다른 집 사위와 비교하게 되고 결국 고부 관계와 똑같은 일이 벌어집니다. 역지사지가 필요합니다. 모든 대인 관계의 키워드죠? 서로 좀 봐주면 어떨까요? 80세 넘으신 어르신들, 고집도 부리시지만 그래도 아직 힘이 있어서 저러시는구나 싶으면 봐드릴 수 있죠? 낀 세대가 잘 하면 아랫세대들이 보고 배우겠죠?

손주에게
먼저 다가가자

손주는 인생 최고의 선물이에요. 물론 손자, 손녀를 100% 책임지시는 분들은 선물이라 여기기 이전에 책임이 너무 무거우시죠. 특히 경제적인 상황이나 이혼 등으로 농촌에 계시는 부모님께 아이들을 많이 맡겨요. 그런 분들에겐 무거운 책임감과 의무감이지만, 그렇지 않은 분들에게 손주의 탄생은 사실 순수하게 사랑을 베풀 수 있는 좋은 기회입니다.

지금 아이를 봐주고 계시는 분이 분명 있으실 텐데요. 조부모 육아의 가장 큰 문제는 무엇보다 체력입니다. 그래서 부모들은 조부모의 체력 안배를 위해 휴식 시간을 챙기셔야 해요. 어머니가 밤잠을 못 주무시면 힘이 없으니까 밤에는 아이를 안 맡긴다든가, 주말에는 확실하게 쉬게 해드린다든가 해야 하는데 조부모님이 철인인 줄 압니다. 자기도 직장 생활에 바쁘다 보니까 그냥 급하면 맡기고 야근한다고 늦고 하는 거죠. 무리해서 병나면 어떻게 됩니까? 1년 길러주기로 했는데 무리해서 6개월 길러주고 허리 아파서 못 봐준다고 하면 발칵 뒤집히죠. "엄마가 길러준다고 했잖아. 그러게, 엄마는 건강 관리 좀 잘 하지!" 이런 소리 들으면 서운하죠. 관계가 망가집니다. 거기다가 애기 보면서 살림까지 해주시는 완벽주의자가 너무 많아요. 얼마나 위험합니까? 이런 상황은 정리하셔야 해요.

수고에 따른 보상도 문제가 돼요. 저는 많든 적든 액수를 정하시기를 권해드려요. 그런데 어머님, 아버님들이 너무 헌신적이시죠. "너희들 집 살 때까지 애기 봐줄 테니까 나한테 돈 주지 말고 그 돈으로 집 사. 살림 해주는 도우미 아줌마 필요 없어. 그 돈이 어떤 돈인데 내가 쓰니." 하십니다. 아니에요. 받으셔야 합니다. 정 불편하시면 받아서 잘 모았다가 손자 입학할 때 입학금 내주시면 되잖아요. 어린이집 비용이 얼마인데 조부모님이 봐주시는 일이 공짜입니까? 이것은 인간에 대한 예의의 문제입니다. 양육비 조금 드리고는 마치 '돈 냈으니까 이 정도는 해주셔야지' 하고 무리한 요구를 하는 자식들도 있는데 이건 예외적인 경우고, 수고에 따른 인사를 할 줄 알도록 가르쳐주셔야 합니다. 미처 그런 생각을 못 하셨다면 지금이라도 받으십시오. 받아서 의미 있게 쓰시면 됩니다.

또 아이를 기르다 보면 육아 방식에 차이가 있죠? 부모들은 조부모님의 방식을 존중하셔야 돼요. 조부모 입장에서 생각해보면 양육 책임자는 결국 내가 아니라 내 자식입니다. 손주는 내 아이가 아니라, 내 자식의 아이입니다. 아이가 다쳤을 때 일단 위급한 상황이니까 할머니가 달려가지만, 아이와 관계된 모든 결정은 결국 부모가 해야 된다는 걸 명심하시기 바랍니다. 그리고 황혼 육아는 할아버지가 함께 참여하는 게 가장 바람직하죠. 할아버지들이 적극적으로 해주시면 좋습니다. 그동안 아이들 들여다볼 새 없이 직장 다니고 일하셨잖아요? 그러는 사이에 아이들하고 멀어진 것 같아 서운하시죠. 만회할 수 있는 마지막 기회가 온 거예요. 손주를 맡아주시면 돼요. 그런데 할아버지들이 할머니들에게만 "집에서 놀면 뭐해? 애들 집 살 때까지 애 좀 봐주지." 하시며 당신은 손 하나 까딱 안 하십니다. 할머니들은 너무 힘들어 병나고 관계가 망가지죠. 거들어 주세요. 거들어 주시면 훨씬 힘이 됩니다. 조부모 육아에 관해서 할아버지들이 쓰신 책이 많이 나와 있어요. 육아를 함께 하다 보니까 내 아이에게 못 했던 것을 손주에게 해주고 성장 과정을 지켜보면서 새로운 기쁨을 느낄 수 있었다고 해요.

그리고 손주를 맡을 때는 1년이든 2년이든 기한을 정하시는 게 좋고요. '돌봄 약속' 작성을 권해 드립니다. 법적으로 효력이 있는 게 아니라 상징적인 의미가 더 크다고 하겠지요. 딸은 "아이는 월요일부터 금요일까지만 맡기고 토요일, 일요일은 어머니가 쉬도록 하겠습니다." "용돈은 얼마를 드리겠습니다."라고 쓰고 어머니는 "최선을 다해서 아이를 돌보며 깨끗하고 건강하게 기르겠습니다."라고 쓰는 거죠.

함께 늙어가는
친구의 소중함을 기억하라

늙어가며 함께하는 친구의 소중함을 기억해야 합니다. 노년기의 가족 기능 중 중요한 부분이 바로 경제적 지원입니다. 예전에는 자식이 노후 보험 아니었습니까? 부모 잘 부양하고 자녀 잘 기르면 노후 걱정은 안 해도 됐었어요. 치매든 뇌졸중이든 부모님 병환 손수 수발하고 뼈가 부서져라 아이들 길렀는데, 세상이 어려워지면서 이제는 아이들이 부모님 노후 준비는 제발 알아서 하시라고 합니다. 그래서 현재의 노년 세대를 '부모를 부양한 마지막 세대, 자식으로부터 부양받지 못하는 첫 세대'라고 부릅니다.

그러다보니 지금의 어르신들이 굉장히 어려우세요. 그 어려움과 팍팍함이 내 마음에 들지 않으면 마구 퍼붓는 것으로 나타나는 거죠. 마음속에 화가 많아서 이성적인 판단을 못 하실 때도 있어요. 당신들 경험을 들려주면서 지금의 낀 세대, 중년들에게 '자식한테 올인하지 말고 하프인, 반만 투자하라'고 하지만 마음을 그렇게 먹는다고 학원비를 반만 내줄 수 있나요? 낀 세대가 가진 것 모두 자식들 학비, 결혼 자금으로 들어가고, 부모님께도 생활비 드려야 하잖아요? 또 일상 생활을 위한 실제적인 도움도 드리지 않을 수 없습니다. 병원에도 모시고 가야 하고 장도 봐드려야 하고 목욕을 혼자 못 하시면 도와드려야 하잖아요.

또 경제적 문제만 있는 게 아닙니다. 할 일도 없어요. 노후 준비라는 게 돈 문제만은 아니잖아요. 뭘 할 것인지, 누구랑 어떻게 재미있게 살 것인지에 대해 준비가 전혀 안 돼 있어요. 관심과 위로, 격려를 받고 정서적으로 편안하게 지내실 수 있어야 하는데 가족 내에서 이게 충족되지 않으니까 친구가 중요해지고 있습니다. 가족의 정서적 기능을 친구가 담당하기 시작했다는 거죠. 같이 공부하러 다니고 여가를 즐길 수 있는 친구가 삶의 결정적인 요소가 된 겁니다.

노년기에는 연령이 증가함에 따라 친구 수가 줄어들고 새로운 친구를 사귈 수 있는 기회도 줄어듭니다. 그래서 친구와 이웃 노인이 중복되는 경우가 많아요. 늘 만나니까요. 제가 사는 동네에서는 야쿠르트 아줌마를 중심으로 할머니들이 맨날 모여서 회의를 하세요. 동네 이웃들이 이웃이자 친구인 거죠. 그래서 노년기의 친구는 중년기 이후에 사귄 사람이 대부분이에요. 비슷한 생활 공간에서 만날 수밖에 없으니까요.

또 여성이 남성보다 친구가 많아요. 여성들의 특징이죠. 우리는 지하철 옆자리에 앉아도 얘기를 나눌 수 있어요. (좌중 웃음) "어머, 그 스카프 어디에서 사셨어요?"라며 이야기를 시작하죠. 거기다 애기까지 있으면 10년지기처럼 얘기하죠. 한편 배우자가 있는 경우, 건강하고 경제적인 여유가 있는 경우에 친구가 더 많아요. 그리고 사회단체 활동에 적극적으로 참여하는 분들이 아무래도 친구가 더 많고요. 대도시보다는 농어촌 지역 노인이 친구가 더 많아요. 농어촌지역이 더 열려 있어서 그렇지요. 아파트에서는 경로당에 적극적으로 나가지 않으면 친구 사귀기가 어려우니까요. 또 젊은 시절에 친구가 많았던 사람이 노년기에도 친구가 더 많은 것이 일반적입니다.

여기서의 친구는 동년배만이 아니에요. SNS를 통해서 이제 세대를 넘나드는 친구 사이가 가능하죠? 저도 인터넷 카페인 '어르신사랑연구모임'을 15년째 운영하고 있는데요. 회원은 3,400명인데, 한 달에 한 번 모이는 오프라인 공부방에는 평균 열댓 명 정도 나옵니다. 여기서 띠동갑 만나는 건 다반사입니다. 가까운 친구 열 명 중 세 명 이상이 나이 차가 10년 이상이면 그 사람은 노후에 친구 문제로 고민 안 해도 된다는 말이 있습니다. 위로든 아래로든 나이 상관없이 친구가 되는 게 가능해졌어요. 세상이 그렇게 변했기 때문이죠.

소통을 위한 노력

지금까지 말씀드린 원칙들을 통해 관계를 잘 맺었다면 이제 그 관계가 잘 통할 수 있게 노력해야겠죠. 소통을 위해 첫 번째, 휴대폰을 조심하셔야 해요. 휴대폰을 너무 애지중지하면 대화가 안 됩니다. 그런데 젊은 애들은 혼내시면서 어르신들도 마찬가지인 경우가 많죠? 잠시 휴대폰을 꺼두세요. 얼마 전에 제 주위에 둘 다 재혼인 커플이 탄생했는데, 여자에게 결혼하게 된 특별한 이유가 있는지 물어봤더니 상대 남자가 만날 때마다 "중요한 사람 만났으니까 잠시 휴대폰을 꺼놓겠습니다."라고 했대요. 그게 그렇게 좋더랍니다. '전화를 안 받고 나에게 집중해주다니 이 사람, 진심이구나' 싶었대요.

두 번째, 말 끊고 끼어들기는 그만해야겠지요. 연세 있으신 분들 할 얘기가 너무 많으시죠? 저도 마찬가지예요. 굉장히 조심하려고 노력합니다. 애들이 하는 얘기, 솔직히 다 아는 얘기 아닙니까? 저만 해도 50년 넘게 살았잖아요. 아는 게 많아졌어요. 그러니 애들이 얘기하면 톡 끊고 끼어들게 됩니다. 그러다보면 자기 혼자 얘기하게 됩니다. 애들은 그때 다 휴대폰 들여다보는 거죠. 그래서 아이들이 이야기하기 참 싫어합니다.

세 번째, 이심전심도 좋지만 말로 표현하는 것이 더 나을 때가 있습니다. 친한 관계일수록 그런 걸 꼭 말로 해야 아느냐고 하죠? 네. 해야 압니다. 부모 사랑을 꼭 표현해야 돼? 표현해야 압니다. 어렵고 아프다고 얘기해야 상대가 알겠죠? 서운하면 서운하다고 말해야 알죠. 알고 보면 오해일 수 있거든요.

네 번째, 비교하거나 자존심 건드리는 건 금물입니다. 제가 죽음준비교육하면서 어르신들께 유언장을 미리 쓰시게 하는데요. 대한민국에서 잘 사는 방법은 돈이 많거나 공부를 잘 하는 거죠? 하지만 유언장에 그렇게 쓰신 분은 단 한 분도 안 계셨어요. 몇만 명의 어르신이 제 수업에서 유언장을 쓰셨는데 '무조건 돈 많이 벌라'는 말씀 없었고, '무조건 1등해라' 하는 말씀도 없었어요. 화목해라, 건강해라, 행복해라, 이 세 가지가 제일 많았습니다. 화목이 일등입니다. 그런데 화목하라고 하면서 편애하고 비교합니다. "큰애는 저번에 용돈 얼마 갖고 왔더라." 하지 마시고 좀 감춰주시면 안 될까요? 못 갖고 오는 자녀도 있어요. 그런데 이웃집 자녀까지 비교합니다. 그래서 '엄친아'라는 말이 있죠. 비교하면 굉장히 어려워지는 거예요.

다섯 번째, 긍정의 힘을 발휘해야 합니다. 무슨 말만 하면 "그게 아니고 내가 살아봤더니." 하고 부정하실 게 아니라 "그래, 그게 맞아."라고 긍정으로 시작하면 더 좋지 않을까요?

여섯 번째, 모든 소통에는 웃음이 있습니다. 비록 주름이 자글자글해진 얼굴이라도 활짝 웃을 때 마음이 열리고 소통이 가능해지죠.

인생의 여섯 가지 기둥

이제는 인생지도를 새로 그리실 때가 왔습니다. 지금까지의 인생지도도 잘 그려오셨습니다. 다만 이제 상황이 바뀌었어요. 나이가 들면서 몸이 약해지고 주변의 사람도 달라졌어요. 하는 일도 달라졌죠. 지금 평균수명을 대강 따지면 남녀 합해서 82세예요. 그런데 건강 수명을 보면 남자 분들은 인생의 마지막 12년을, 여자 분들은 20년 정도를 건강하지 못한 채 살아가게 됩니다. 이렇게 건강하지 않은 상태에서 남은 인생을 보내야 하기 때문에 인생 구조를 바꿔야 합니다. 구조조정이 필요하다는 거죠.

이제부터 말씀드릴 여섯 가지는 제가 정리한 노년 준비 항목입니다. 어른들을 만나면서 배운 것들을 제 나름대로 정리한 것인데 우리가 했던 이야기가 다 들어 있어요. 이걸 기준으로 '노년의 집'을 세우시는 거예요. 이 여섯 개의 기둥 위에 대들보도 얹고 지붕도 씌우는 거죠.

첫 번째, 노년의 삶에 관심을 가져야 합니다. 그러기 위해서 노후 생활의 롤 모델을 찾으시기를 권해드려요. 나이와 싸우면서 젊어지려고 애쓰시는 시간에 롤 모델을 만드는 게 낫습니다. '안티에이징(anti-aging)'이 아니라 '웰에이징(well-aging)'이자 '액티브에이징(active-aging)'입니다. 그런데 노년의 롤 모델이 한 명일 필요는 없어요. 건강 관리는 누구처럼, 외모는 누구처럼, 배움과 봉사활동은 누구처럼, 인간 관계는 누구처럼 해보자고 결정하시고 종합하시면 돼요. 멀리서 찾지 않으셔도 돼요. 주변에서 잘 늙어 가시는 분을 계속 바라보면서 닮으려 노력하는 겁니다.

두 번째 기둥은 자기관리입니다. 노년에 행복하려면 몸과 마음 모두 건강해야 하는데, 자칫하면 몸의 건강에만 치우치기 쉽지요. 몸을 돌보는 것 못지않게 마음과 영혼의 평화와 안정을 위해 마음을 다스리는 일도 꾸준히 해야 합니다.

세 번째, 할 일이 있어야겠죠. 돈 버는 일도 좋습니다. 가늘고 길게 버시는 거 좋아요. 그런데 그것도 언젠가는 끝납니다. 돈을 벌지 않아도 하실 수 있는 일이 많죠. 사회 활동, 자원봉사 활동, 학습 활동, 사교 활동, 종교 활동 등 많습니다. 아침에 눈 떴을 때 할 일이 있다는 것, 참으로 중요한 겁니다.

네 번째, 돈, 물론 중요합니다. 그런데 도대체 얼마나 필요할까요?

4억? 6억? 저도 맨날 계산해 보는데, 그럼 4억 없고 6억 없으면 불행하게 늙어야 할까요? 고민해야 할 부분입니다. 돈 없으면 불행하게 늙어간다는 생각 때문에 모두들 너무 불안하고 초조합니다. 그래서 치킨집 차렸다가 실패하는 거 아닙니까? 돈이 좀 부족하더라도 다른 기둥을 잘 세우시면 돼요. 기둥 하나가 좀 부족하면 무게를 다른 데 분산시키는 방법을 찾아야겠죠.

다섯 번째, 사람도 중요한 기둥입니다. 돈 있고 할 일 있는데 사람이 없으면 어떻게 하시겠어요. 사람이 바로 오늘 이야기한 '관계'에 관련된 얘기고요.

여섯 번째, 죽음준비를 하셔야 해요. 죽음준비는 당장 죽자는 게 아니고, 죽는 방법을 연구하는 것도 아닙니다. 죽음을 미리 체험하는 것도 아니에요. 언제 어디서 어떻게 올지 모르는 죽음을 기억하면서 지금 여기서 정성껏 잘 사는 거예요. 결국 죽음은 삶을 얘기하는 거예요.

관계의 동심원을 그려보시고 나에게 소중한 관계들을 정비하고 인생지도를 새로 그려보는 겁니다. 내일이면 늦습니다. 지금 바로 시작하십시오. 소중한 관계의 동심원을 그리셨으면 누가 소중한 원 안에 들어 있는지 다 알 수 있으시잖아요. 이 관계를 다음에 풀겠다? 내가 죽기 전에 풀겠다? 아니에요. 오늘부터 시작하셔야 되는 거예요. 어떻게 관계의 동심원을 아름답게 풀어서 서로 선한 영향력을 미칠 것인가에 대해 오늘부터 고민하셔야 해요.

관계의 문제에는 관계 맺기도 있지만 관계 풀기도 들어 있어요.

관계를 푼다는 게 관계를 끊는 게 아니라 관계 안에서 얽힌 것들을 풀어주는 것을 말합니다. 우리 스스로 해야 할 일이고 어른들이 하셔야 하는 일입니다. 아이들은 관계 맺기도 바빠요. 엉켜 있는 줄도 몰라요. 인생의 중간 점검에 들어간 우리 중년들이 먼저 시작합시다. 제가 처음에 말씀드린 대로 오늘 나눈 이야기들 다 아시는 내용이었죠? 그냥 중간 점검이라고 생각하시고 오늘부터 바로 시작하시면 좋겠습니다.

죽음준비에 꼭 필요한 항목이 무엇인가요?

죽음준비가 무엇인지는 아까 말씀드렸고요. 죽음준비를 하는 이유는, 우리가 언제 어디서 어떻게 죽을지는 모르지만 모두가 죽는다는 사실은 알고 있기 때문입니다. 게다가 죽는 데는 순서가 없죠. 또한 아무것도 가져갈 수 없고, 그 누구도 대신해줄 수 없고 경험할 수 없어요. 그래서 죽음은 남녀, 노소, 빈부, 국적을 따지지 않습니다. 이게 죽음의 평등성입니다.

저는 죽음준비의 중요 항목으로 다섯 가지를 꼽습니다. 그 첫 번째가 몸의 준비예요. 여기서 핵심은 무의미한 연명치료에 대한 자기의 의사결정이죠. 내가 의식이 없고 더 이상 회복이 불가능한데 무의미한 연명치료를 받지 않고 싶으면 그 의사표시를 어떻게 할 것이냐? 자기결정권이라는 측면에서 미리 의사표시를 해놓는 게 필요합니다.

두 번째는 마음의 준비입니다. 죽음을 받아들이고 가느냐, 아니면 끝까지 거부하고 가느냐 하는 것이죠. 받아들였다고 하면서도 치료가 불가능한 상황에서 마지막까지 살기를 바라고 죽음을 부정하면 떠나는 사람도 곁을 지키는 사람도 어려워지겠죠. 죽음에 대해 평소에 생각하고 서로 이야기 나누는 것이 큰 도움이 됩니다.

세 번째, 법적인 준비가 있습니다. 우리는 사회적 동물이기 때문에 유언과 상속에 관한 처리도 해두어야 하고요.

네 번째, 장묘와 장례, 장법에 관해서도 생각하고 의논해두셔야 합니다. 화장할 것인지, 시신을 기증할 것인지, 장례 방식은 어떤 형태를 취할지 등이 있습니다.

마지막은 사별의 아픔을 나누는 겁니다. 사별하면 슬프고 아프죠. 그 슬픔과 아픔을 공감하고 위로하며 충분히 애도할 수 있도록 돕는 일, 또 사별의 아픔이 특별하게 길어지는 경우 마음에 다른 병이 생기지 않았는지 신경 써서 돌보는 일도 포함할 수 있는데, 이런 과정들을 전부 죽음준비로 보시면 됩니다.

저는 죽음준비는 노인이 되어서 하는 게 아니라 우리 일상에서 하는 거라고 생각합니다. 이렇게 밖에 나와 있다가 집에 들어가서 가족을 만나는 건 기적입니다. 아침에 인사하고 헤어졌는데 다시 못 만날 수 있잖아요. 그건 우리가 어떻게 할 수 있는 일이 아니죠. 그렇기 때문에 저는 아침에 식구들과 헤어질 때 웃으면서 인사를 나누고 헤어지려고 노력합니다. 예전에는 아이들에게 빨리 학교 안 가냐고 소리도 지르고 야단치며 보내기도 했는데 죽음준비교육을 하면서 바뀌었습니다. '아, 그게 엄마의 마지막 얼굴이었구나, 엄마가 환한 얼굴로 웃고 있었는데….' 아이들에게 웃는 얼굴로 기억된다면 얼마나 좋겠습니까?

부부 관계에 도움이 되는 책을 소개해주시길 부탁드립니다. 남편이 66세인데 세상 변한 걸 모르고 이기적이라 힘들어요. 이러한 남편과 좋은 관계를 만드는 방법은 무엇일까요?

박혜란 선생님이 쓰신《소파 전쟁》(웅진지식하우스, 2005)은 아주 짧은 콩트들인데 재미있게 우리의 부부 관계를 짚어주고 있고, 일본 작가인 오가와 유리가 쓴《더 늦기 전에 아내가 꼭 알아야 할 은퇴 남편 유쾌하게 길들이기》(나무생각, 2009)도 도움이 될 것 같습니다.

결혼 적령기를 지난 자녀들과 함께 살 때 조언을 듣고 싶습니다.

저보다는 이 자리에 계신 인생의 선배님들이 더 잘 아실 것 같은데, 한 번 여쭤볼까요? 함께 살 때 보통 어떻게 하고 계시나요? 나이 들었는데 독립 안 한 자녀들과 사이좋게 사시는 분의 지혜를 들어보면 좋겠네요. 저는 그 직전에 와 있습니다. 지금 막 갈등이 시작되고 있는데요. 학년이 바뀌지 않고 계속 대학교 4학년이라니까요. (좌중 웃음) 그런데 사실 나간다고 해도 걱정입니다.

우선 대화를 많이 하는 게 필요한 것 같습니다. 나가지 못하는 자녀도 힘들지 않을까요? 하고 싶은 말 참 많을 것 같아요. 부모님께 면목 없다는 생각도 있겠고, 본인도 스트레스 많이 받을 텐데 표현 못하는 자녀의 마음을 읽어주시는 게 먼저일 것 같습니다. 그 힘든 부분들을 들어주면서 시작을 해보시면 좋겠어요. 생활 방식이나 밥 먹는 시간 같은 것은 협상하면 되는데 그 마음부터 좀 돌봐주셔야 할 것 같아요.

지금 얼마나 행복하세요?

제가 노인 복지 현장에서 만나 관계를 맺고 있던 어르신들이 그 사이에 많이 돌아가셨어요. 복지관에서 영정 사진을 찍어드리고 주말에 뵈었는데 월요일에 출근하니 부고가 와 있기도 했어요. 제가 돌아가신 그 어르신 가족들의 부탁을 받아서 장례서비스센터에서 수의를 받아들고 빈소를 찾아가면서 노인 복지 시작한 걸 후회한 적이 있습니다. 앞으로 얼마나 더 이런 아픔을 겪어야 하는가 싶어 많이 울었는데요. 제가 마음을 바꿨습니다. 돌아가셔서 슬프고 마음은 아프지만, '인생의 마지막 시간에 복지관에 오셔서 자원봉사하면서 행복해 하셨고 제가 그 시간을 함께할 수 있어서 감사합니다. 제게 주신 많은 사랑 오래도록 잊지 않겠습니다' 하고 빈소에서 엎드려 마지막 인사를 했어요.

이렇게 어르신들께 배우면서 어제보다 나은 사람이 되어가는 것 같아 좋습니다. 행복합니다. 제 인생의 목표 중 하나가 '보다 나은 사람'이 되는 건데, 결혼하기 전보다 결혼한 후의 제가 조금 더 나은 사람이었으면 좋겠고요. 아이 낳기 전보다 아이 둘을 낳아 기른 지금 좀 나은 사람이었으면 좋겠고요. 노인 복지를 하기 전보다 노인 복지를 하고 있는 지금의 제가 좀 더 나은 사람이었으면 좋겠고요. 오늘 두 시간 강연을 하고 난 지금이 하기 전보다 조금 더 나은 사람이면 좋겠는데, 그렇다고 생각합니다. 그래서 지금 행복합니다.